应急物流配送
车辆调度动态优化

周长峰　刘　燕◎著

Dynamic Optimization of
Emergency Logistics and
Distribution Vehicle Scheduling

经济管理出版社
ECONOMY & MANAGEMENT PUBLISHING HOUSE

图书在版编目（CIP）数据

应急物流配送车辆调度动态优化/周长峰，刘燕著.—北京：经济管理出版社，2022.7

ISBN 978-7-5096-8415-3

Ⅰ.①应…　Ⅱ.①周…②刘…　Ⅲ.①突发事件—物流—车辆调度—最优化算法　Ⅳ.①F252.1

中国版本图书馆 CIP 数据核字（2022）第 077492 号

组稿编辑：王光艳
责任编辑：魏晨红
责任印制：黄章平
责任校对：王淑卿

出版发行：经济管理出版社
　　　　　（北京市海淀区北蜂窝 8 号中雅大厦 A 座 11 层　100038）
网　　址：www.E-mp.com.cn
电　　话：（010）51915602
印　　刷：北京晨旭印刷厂
经　　销：新华书店
开　　本：720mm×1000mm/16
印　　张：11
字　　数：201 千字
版　　次：2022 年 7 月第 1 版　　2022 年 7 月第 1 次印刷
书　　号：ISBN 978-7-5096-8415-3
定　　价：68.00 元

前　言

　　尽管当今世界科技高度发达，但是突发性自然灾害、公共卫生事件等"天灾"以及决策失误、恐怖主义、地区性军事冲突等"人祸"仍时有发生，这些事件有的难以预测和预报，有的即使可以预报，但由于预报时间与发生时间相隔太短，应对的物资、人员、资金难以实现其时间效应和空间效应。从宏观层面来看，从美国"9·11"事件到新冠肺炎疫情的传播，从印度洋海啸到日本大地震，人们在突发事件面前表现出的被动局面均暴露出现有应急机制、法律法规、物资准备等多方面的不足，公共卫生设施、国家处置突发事件的经验等方面均存在亟待改进的地方，急须对应急物流的内涵、规律、机制、实现途径等进行研究。从微观层面来看，一方面，由于企业决策所需的信息不完备以及受决策者的素质限制等，任何决策者都无法确保所有决策均正确无误；另一方面，因道路建设断路等使货物在途时间延长、交货期延长，因信息传递错误而导致的货到而不能及时提取等也会产生应急需求，企业迫切需要制定预案，对不可抗拒的和人为造成的紧急状况进行有效的防范，将应对成本降到最低。

　　针对各种自然灾害、事故灾难、公共卫生和社会安全等领域非常规突发事件的频频发生，当今社会需要及时、快捷的应急物流配送给防灾、减灾以及灾害救助工作提供保障。在应对这类非常规突发事件的应急物流配送中，由于灾害爆发和发展的不可预测性，外部运输配送路网的路况变化呈现高度的动态性和不确定性，传统的物流配送调度方法难以奏效，必须研究新环境下应急物流配送的新方法来支持决策。

在现代物流理论中，实时需求信息下的物流配送，其用户对象分散、需求量小而批次多、供给时间紧迫、存储空间狭小等特点，使其与传统的配送存在较大的差异。在这一过程中，物流配送的车辆调度是配送优化中的关键一环。应急物流配送的关键是确保向终端用户提供迅速、准确、可靠的运输保障，提高经济效益和社会效益。迅速、准确、可靠的运输保障依赖于对运力资源（车辆）进行科学、合理的调度，以在"正确"的时间、"正确"的地点向终端用户提供"正确"的物资。本书针对实时需求信息下的应急物流配送车辆调度问题进行了深入研究。

第一，研究了动态取货车辆调度问题。在调度约束条件和一些基本假设的基础上，建立了动态取货车辆调度问题的数学模型，并给出了两种求解算法：实时插入算法和滚动时域两阶段算法。实时插入算法的求解思路是到达一个新客户后就立即将该客户插入车辆调度方案中。滚动时域两阶段算法的思路是将整个服务周期划分为多个决策时段，在每个决策时段内采用两阶段算法求解。通过计算实例的结果分析，验证了模型和算法的性能。

第二，研究了在行驶时长随着时间的推移而不断变化的时变条件下动态取货车辆调度问题。分析了车辆行驶时长随时间变化的成因及特点，给出了行驶时间的表示函数。建立了时变条件下动态取货车辆调度问题的数学模型，并给出了问题求解的混合滚动时域策略。根据行驶时长发生变化的不同时刻，给出了不同的求解策略。为了能够在较短的时间内对变化的行驶时间做出反应，本书给出了一种快速启发式算法。计算实例结果表明，与不考虑变动行驶时间的算法进行比较，混合滚动时域策略具有很好的性能。

第三，研究了同时考虑取货和送货的动态取送货车辆调度问题。分析了动态取送货车辆调度问题的特性，建立了问题求解的数学模型。通过对列生成算法求解过程的分析，给出了求解动态取送货车辆调度问题的混合列生成算法。随着新客户的不断到达，为新客户动态构造新的列，同时基于当前系统的状态，采用启发式算法调整已有的列。计算实例的结果验证了混合列生成算法在求解动态取送货车辆调度问题时的性能。

第四，研究了动态整车运输车辆调度问题。这是一类特殊的动态取送货车辆调度问题，车辆从客户的取货点取货后，立即前往其卸货点卸货。在本书给定的一些假设前提下，建立了动态整车运输车辆调度问题的数学模型，给出了基于可行性指数的客户接受策略，提出了更新车辆调度方案的快速插入算法，随后提出了基于规则的禁忌搜索算法对更新后的车辆调度方案进行优化。最后用一组计算实例对模型及算法的性能进行了验证。

关于应急物流配送车辆调度动态优化，在今后的研究过程中必将不断深入。由于约束条件和实现目标的不同，应急物流配送车辆调度动态优化问题的模型构造与算法选择会有很大区别。在研究应急物流配送车辆调度动态优化问题的模型时，应根据实际情况和操作经验来选择相应的约束条件和实现目标。在实际应用中，算法的研究与应用需要进行合理改进，以提高解决问题的效率。在制订调度方案时，为了使问题的求解更贴近实际，最好能够设计地图匹配算法将结果应用到实际道路中，并将更多的实际情况纳入考虑范围，如道路拥堵、天气影响等。

作为一个具有良好应用背景和广阔研究前景的研究领域，应急物流配送车辆调度动态优化问题的模型和优化算法还需要进行更深入的研究,将理论中的优化算法运用到实践中并取得良好的效果,也需要不断进行大量的探索与实践。

周长峰

2022 年 4 月

目　录

第四章　时变条件下应急物流配送动态

取货车辆调度 75

第五章　应急物流配送动态取送货车辆调度 98

第一章

绪论

第一节　研究背景

　　尽管当今世界科技发展日新月异，对自然灾害的预报已发展到相当高的水平，但是局部的、区域性的、地域性的，甚至是国家或全球范围的自然灾害、公共卫生突发性事件时有发生，给人类造成了重大的甚至是毁灭性的打击，对人类的生存和社会的发展构成了严重的威胁。例如，2004年12月26日发生的印度洋海啸先后殃及10余个国家，死亡约30万人，造成了140多亿美元的财产损失。这是自1960年5·21智利地震以及1964年阿拉斯加大地震以来最强的地震，也是1900年以来规模第二大的地震，海啸引发高达10余米的海浪，波及波斯湾的阿曼、非洲东岸的索马里及毛里求斯、留尼汪等国家和地区。事发地点位于旅游热点附近，加上正值圣诞节的旅游旺季，受灾地区聚集了大量的本地居民和游客，很多旅客成了这次灾难的受害者。在突如其来的海啸面前，沿岸各国普遍缺乏防范意识，也缺少应对突发灾难的经验，政府也没有给予国民相应的指导。据统计，这场巨大的海啸共扫荡了六个时区，斯里兰卡、印度、印度尼西亚、泰国、马来西亚等十几个国家和地区都遭到了不同程度的侵害，经测算，这场灾难的受灾区整整横跨了 6000 千米。由于这场灾难造成的破坏实在太大，联合国宣布展开"有史以来最大支出的一次跨国救灾活动"，各国政府和大量非官方组织都发起了大型的赈灾筹款活动，热心人士也为灾区送去了相关的物资，在很大程度上减少了死亡人数。这场赈灾活动，不仅仅是在金钱上给了灾区很大的帮助，各个国家还派出了一定人数的救援队赶往各个灾区，帮助受灾人群渡过难关。

2019 年末，突如其来的新冠肺炎疫情给人们的生命健康带来了极大的威胁，同时也对国民经济运行造成了严重影响。武汉告急，举国上下纷纷响应，政府紧急调运救援物资、民间慈善力量自发捐赠、国际友人慷慨支援，各地的大量救援物资涌向了武汉，这对应急救援物资的及时、准确地配送到各个定点医院，将生活物资及时发放到普通市民的手中，提出了极高的要求。疫情发生后，疫区对应急物资的需求量大、涉及面广，通过国家调拨、政府采购、社会捐助等多种渠道的应急物资车辆大量涌向灾区，如果缺乏对这种物资流的统一指挥调度，无疑会增加应急管理成本和救援难度。当物资运往疫区后，交通堵塞又是一个大的制约，有些物资受到环境、时间等的影响，会出现变质等现象，造成物资的极大浪费，这些都需要通过统一、高效的应急车辆指挥调度来解决。大量的应急物资调拨运输，以及解决或处理伤者救助、卫生防疫、恢复生产、恢复秩序等问题，产生了巨大的应急物流需求，应急物流也开始为人们所重视，相关的研究应运而生。

物流作为资源调度、交通运输的关键环节，对成规模的应急物资调度与配送的有效性和及时性有十分关键的作用。特别是在不确定的环境下，将应急资源及时有效、保质保量地送到最需要的地方，是减轻自然灾害带来的人身财产损失最直接的手段。危急时刻，时间就是生命，物资就是生命，或许灾害来临时，我们束手无措，但是将灾害的恶劣影响降到最低，是每一个物流人的责任和义务。实践证明，一个有效的应急物资配送物流系统，对大幅降低各种自然灾害带来的生命及财产损失，有至关重要的作用。

我国非常重视应急预案的制定，用以应对各种突如其来的灾害事件，使受灾地区得到及时有效的救援，能够在灾害发生后第一时间将应急物资配送到受灾区域。为有效统筹应急资源管理，发挥顶层设计作用，2018 年 3 月，十三届全国人大一次会议上通过了《国务院机构改革方案》，方案决定设立应急管理部。应急管理部的成立，为我国在新时代条件下应对各类自然灾害、突发事件，保障人民群众的财产及生命安全提供了行政支持和制度保障，开创了新的良好局面。

当灾害发生时，应急救援的首要工作就是及时有效地向受灾地区输送应急救灾物资，以保障灾民最基本的生活需求。特别是灾害发生的最初时期，水、食品和药品等救灾物资能否及时有效地送达受灾民众手中，将直接关系到受灾民众能否幸存，以等待进一步的援助。不幸的是，灾害的发生具有突发性，导致物资的实际需求量远超可利用的资源量，且时间的急迫性也使应急救援工作较其他物流活动更加复杂。首先，由于缺乏受灾地区的相关信息，如何确定救援物资的实际需求量成为首要挑战；其次，灾害的突发性和救灾物资的相对短缺，也为决策者对现有资源进行及时有效的物资调度提出了极高的要求。因此，直接触及受灾民众的应急物流车辆调度及路径规划工作，是整个应急物流的关键环节。

应急物流配送的核心是确保向终端用户提供快速、精准、可靠的运输保障，实现在准确的时间、正确的地点向特定的用户提供正确的物资，以物流速度取代物资数量，以快速、准确的物资投递取代静态的物资储备，提高物资保障能力。因此，车辆调度动态优化是应急物流配送的核心，也是应急物流系统优化的关键环节，开展应急物流配送车辆调度问题的研究具有重要的理论价值和现实意义。

第二节　国内外研究现状综述

一、应急物流配送研究综述

应急物流是指为应对自然灾害、公共卫生事件等突发性事件而提供应急物资为目的，以追求时间效益最大化和灾害损失最小化为目标的特种物流。突发性重大自然灾害和公共卫生事件往往会造成巨大的人员伤亡和财产损失，需要大量的应急物资，以解决或处理死者安葬、伤者救助、卫生防疫、灾后重建、恢复生产、恢复秩序等需求，否则受灾面积、人员伤亡、财产损失将会扩大，灾害有可能会进一步演化为灾难。

（一）国外应急物流配送问题研究综述

应急物流最初是由军事物流发展而来的，美国学者在这方面的研究起步较早。第二次世界大战结束后，许多美国学者研究了美国在战争中的后勤供给并提出了各自的见解。

Carter（1992）将应急物流描述为以正确的数量、顺序、地点与时间将应急救援物资运达应急需求点的行为。Haghani 和 Oh（1996）将应急物流描述为有时间窗约束的多物品、多模式网络流问题，并给出了两种求解方法。Fiedrich 等（2000）在时间以及资源数量有限的情况下，以死亡人数最小化为目标，研究了地震后向多个受灾地点调度资源的优化模型。Jae（2003）研究了在路网情况不确定情况下如何进行车辆调度和运送伤员的问题。Benita（2004）分析了救援物资供应链与商业物资供应链的差别，提出救援物资供应链与商业物资供应链的主要差异是：需求由无法预测的突发事件引起，救援物资需求时间、规模、种类等数据需求在事件爆发后通过评估才能得到；订货提前期为零；延期交货的成本非常高；不稳定与不充分的物资需求与运输信息；缺乏有效的性能评价系统。他介绍了一套基于资源性能指标、输出性能指标、灵活性能指标的物资性能评价体系，指出了目前救援物资供应链研究的主要方向在于供应链体系结构的设计、物资分发与配送方案的设计、存货问题等。Russell（2005）通过对印度洋海啸爆发后的救援物资供应链进行实证分析，提出救援物资供应链的流程按顺序包括物资准备、灾害爆发后物资评估、救援请求物资调度和捐赠动员货物取得运输交付过程中的跟踪记录及存货管理交付。Thomas（2002）提出应急物流是由筹集、分发、储存、运输应急救援行动所需要的救援物资、设备和人员的一整套过程与方法组成，由此归纳出应急物流的生命周期理论，将应急物流的整个操作过程分为部署、维持和重新配置三个阶段。

（二）国内应急物流配送问题研究综述

我国对这方面的研究起步较晚，2003年"非典"暴发后，我国在这方面的研究才开始被重视起来。"非典"过后，我国政府开始组织相关专家建立国家应急系统，从此许多学者开始了这方面的研究，并提出了各自鲜明的、与众不同的观点。雷玲（2004）提出，所谓物流是指物品从供应地向接收地的实体流动过程，应急物流是指为了应对重大疫情、严重自然灾害、军事冲突等突发事件而对物资、人员、资金的需求进行紧急保障的一种特殊物流活动；谢如鹤和邱祝强（2005）提出，应急物流是指以提供突发性自然灾害、突发性公共卫生事件等突发性事件所需应急物资为目的，以追求时间效益最大化和灾害损失最小化为目标的特种物流活动；赵勇等（2006）指出，应急物流是指在应对突发性事件（包括火灾求援、危险物质事件、抗洪抢险、海啸和抗震救灾、失去主要供应商或顾客、疫情控制等）中所采取的一种物流运作模式，具有时间紧、任务重、协调难、风险大等特点；王宗喜（2007）认为，应急物流主要指以提供重大疫情、严重自然灾害、军事冲突等突发事件所需应急物资为目的，以追求时间效益最大化和灾害损失最小化为目标的特殊物流活动。

目前，国内关于应急物流方面的研究大多是关于应急机制的建立、应急物资的保障、紧急状态法律法规的制定等方面的定性研究，关于应急物资配送车辆调度以及路线优化问题的研究是相对欠缺的。应急物资的配送运输是应急物流研究的重要组成部分，是整个应急物流的实现阶段。应急物流与普通物流有相同的地方，但也有很多不同之处。普通物流主要考虑的是节省成本，而应急物流在节省运输成本的基础上更体现了应急物资的时效性。应急物资在配送过程中要受到严格的时间约束，同时应急物资的需求与供给也是随时间的变化而变化的。通过本书的研究，要建立应急物资配送的车辆调度和路线优化模型，求解模型得到的结果可以作为应急指挥中心制订车辆调配方案的依据，使今后在突发性事件发生时，能够高效地组织应急物资配送车辆的调度以及路线优化工作，以减小或降低灾害带来的损失。

二、车辆调度问题研究综述

（一）国外车辆调度研究综述

20 世纪 70 年代，Wilson 和 Miller（1977）就对动态车辆调度中的一类重要问题——动态 Dial-A-Ride 问题（DARP）进行了研究，并取得了一定成果。1980 年，Psaraftis 提出了一种求解动态单车辆 Dial-A-Ride 问题的动态规划方法。随后，又明确提出了动态车辆调度问题的概念，定义为"安排车辆路径以满足实时出行的顾客需求"，并分析了动态车辆调度问题与静态车辆调度问题的区别，指出满足下面两个条件，就是动态车辆调度问题：一是在开始制定车辆路径时，决策者不知道路径制定所需要的所有信息，如顾客的基本信息，包括位置、时间窗口和需求类型等；二是在制订初始路径方案后，随着时间的推移出现新的信息，要求对方案进行调整。同时，Psaraftis 也指出了动态车辆调度相对于静态车辆调度的独有之处：

（1）时间因素的重要性。在动态车辆调度问题中，时间因素是必须的，调度中心在任何时候都必须在最短的时间内知道所有车辆的准确位置，特别是出现新的需求或者其他信息的时候。在现实生活的动态调度问题中，如果调度中心不能及时地知道车辆的位置，导致车辆的即时通信费用将非常高。

（2）未来的事件具有很大的不确定性。在静态车辆调度问题中，假设制订路径调度方案的所有信息都是已知的；而在动态车辆调度问题中，随着时间的推移，会不断出现大量的新信息。

（3）良好的信息更新机制。对于动态车辆调度问题而言，所有的输入信息在调度过程中都可能随着时间而发生改变。因此，必须把调度方案制订和信息更新机制结合起来，实时处理最新信息。

（4）任务的执行次序和车辆的调度方案都可以实时调整。在动态车辆调度问题中，新的输入可能导致调度中心先前的调度方案变成次优。为了适应新的情形，会要求调度中心重新制订调度方案，对车辆调度方案进行实时调整。

（5）较高的问题求解速度。在静态环境中，调度者为了得到高质量的调度方案甚至最优方案，多花一点计算时间是可行的。然而在动态的环境中，由于调度者需要对新的信息及时做出判断和相应的反馈，问题的求解过程必须在很短的时间内完成。

近 20 年来，对动态车辆调度问题的研究得到了越来越多的关注。表 1.1 列出了动态车辆调度问题研究中的典型问题。

表 1.1　动态车辆调度问题研究中的典型问题

问题	预知信息	动态信息	方法
DSVRP	多车辆 有限容量	需求数量	Markov 决策 过程
DTRP	单车辆 无限容量	新任务 位置信息	泊松过程 欧氏空间 排队论
DTRP	多车辆 有限容量 无限容量	新任务 位置信息	一般更新过程 欧氏空间 排队论
DVRPTW	多车辆 无限容量 时间窗	新任务位置 新任务时间窗	启发式方法 数值计算 仿真
DVRPTWPD	多车辆 无限容量	新任务位置 （取货点和卸货点） 时间窗	启发式方法 数值计算 仿真
DRIVE	多类型车辆 多车库	新任务位置 （取货点和卸货点）	分支定价算法 （branch and price）
DTSP	单车辆 无限容量	插入的城市 删除的城市	蚁群算法（ACO）

动态车辆调度问题的建模方法主要有 Markov 决策、排队论和网络方法。其中有 Minkoff（1993）提出的一类求解动态车辆调度问题的 Markov 决策模型、Swihart 等（1999）提出的求解单车辆装卸混合问题的排队论模型、

Bertsimas 等（1993）提出的求解动态旅行修理员问题和多车辆有容量约束的动态车辆路径问题的排队论模型以及 Paletta（1992）提出的求解动态旅行商问题的网络模型。

基于动态信息的处理方式，动态车辆调度问题可以分为前瞻性车辆调度问题和实时车辆调度问题两大类。

对于前瞻性车辆调度问题，在每个决策点，求解的静态问题中融入了未来事件的概率或者预测信息。这类问题需要预知未来事件的信息，至少要知道未来事件的概率信息。

Jaillet（1988）提出了概率旅行商问题（PTSP）的概念，并对其数学模型、上/下界和渐进性能等进行了探讨。PTSP 不同于传统静态 TSP 的地方是旅行商从驻地出发前并不知道有哪些城市需要访问。任意一个城市，是否需要被访问都是以一个概率 p_i（$0 \leqslant p_i \leqslant 1$）给出的，即城市需要被访问的概率是 p_i，不需要被访问的概率是 $1-p_i$。随后，Jaillet 提出了一种求解 PTSP 的 A-priori 两阶段法。在得到每个用户被服务的可能概率后，用解静态车辆调度问题的方法来得到一条预先优化路线或称为 A-priori 的优化路线。当旅行商旅行时，所有的点都将确定是否需要被访问。对于不需要被访问的点，简单地将其从路线中去除而直接去访问下一个需要访问的点。这个过程就是 A-priori 两阶段优化方法的第二阶段，即根据实时顾客信息对第一阶段的预优化路线进行调整。

Bertsimas（1988）研究了 PTSP 与随机顾客的车辆路径问题（VRPSC）的某些组合特性，并提出了空间填充曲线、概率 2-opt 边交换等启发式方法，并对 VRPSD 问题的上/下界、渐进结果和其他理论特性进行了研究。Laporte 等（1986）将整数 L 算法应用于 VRPSC，并且求解了顶点数为 50 的问题。Tillman（1969）提出了求解随机需求量的车辆路径问题（VRPSD）

的算法，该算法基于 C-W 节约算法，认为当车辆空驶或超载时，增加相应的惩罚值。

Stewart 等（1983）提出了一种机会约束模型和两种补偿规划模型。在第一种补偿模型中，惩罚与违反车辆容量约束的概率成正比；在第二种补偿模型中，惩罚与超出车辆容量的期望需求成正比。此外，该文还考虑了多种需求分布，并对两种启发式算法进行测试，一种是基于 C-W 节约算法，另一种是基于 Lagrangean 松弛算法。Laporte 等（1986）研究了在更一般的需求分布下，如何确定车辆路径及车场的位置。对于该问题的机会约束模型和有界惩罚模型，提出了一种分支切割算法，对顶点数为 30 的问题进行了测算，获得了较好的结果。

Laporte 等（1986）提出了补偿模型的一个整数 L 算法，其中惩罚函数为路径规划失败（Route Failure）而造成的额外成本。依赖于某些参数的特殊值，该算法可以解释最优求解顶点数为 70 的问题。Secomandi（2000）采用 Roll-Out 算法一步步改进了初始可行解，随后采用神经动态规划算法求解了相同的问题，与 Roll-Out 算法相比，获得解的质量平均提高了 2.3%。

实际的车辆路径规划问题中经常会出现一些不确定因素，如不确定的旅行时间、不确定的需求量以及某个顾客当天是否有需求等，Gendreau 等（1996）将这些问题归纳为随机车辆路径规划问题（Stochastic VRP），提出了随机车辆路径规划问题的两阶段求解方法。在第一个阶段，设计一个预先优化的路线。在第二个阶段，在执行路径规划时动态地对前一阶段的结果进行调整，以适应某些信息变得确定后对前一阶段的结果造成的影响，如车辆行驶到某个点取货后，发现若直接到下一个点会超过该车辆的容量限制，这时就需要该车先驶回车场，然后再行驶到下一个点。根据随机因素的不同，Gendreau 将随机车辆路径规划问题划分为六类子问题：第一类是具有随机用户的旅行商问题（TSP with Stochastic Customers，TSPSC），顾客以某种概率 p 出现，该问题实际上就是概率旅行商问题；第二类是具有随机旅行时间的旅行商问题（TSP with Stochastic Travel Times，TSPSTT），顾客是确定的，但是网络中弧段的长度是一个随机变量，即两点之间的旅行时间不是确定的；第三类是具有随机旅行时间的多旅行商问题（m-TSP with Stochastic Travel Times，mTSPSTT），将具有不确定旅行时间的旅行商问题拓展到 m 辆车，这 m 条行车路线都开始和终止于同一个车场；第四类是用户具有随机需求量的车辆路径规划问题（VRP with Stochastic Demands，VRPSD），顾客是确定的，但其需要的货物量是一个随机变量；第五类是具有随机顾客的车辆路径规划问题（VRP with Stochastic Customers，VRPSC），顾客以某个概率 p 出现，该问题是对具有不确定顾客的旅行商问题的一般化；第六类是同时具有随机顾客和随机需求量的车辆路径规划问题（VRP with Stochastic Customers and Demands，VRPSCD），顾客的出现及所需的货物量都是随机变量。

随机顾客和需求量的车辆路径问题（VRPSCD）将 VRPSD 和 VRPSC 结合在一起，问题求解的难度非常大。Bertsimas（1988）提出了求解 VRPSCD 的一个补偿整数规划模型，并对上/下界、渐进结果和几种优化策略进行了分析。在 Gendreau 等（1996）的研究中，可精确求解 VRPSCD 的整数 L 算法最多可求解顶点数为 46 的随机顾客和需求量的车辆路径问题，另外，该项研究还表明随机顾客的情况比随机需求的情况要复杂得多。Gendreau 等（1991）提出了求解该问题的一种禁忌搜索算法，这是禁忌搜索在随机 VRP 领域的第一次应用。

Laporte 等（1994）提出了一类求解随机旅行时间的车辆路径问题的机会约束模型和补偿模型，并用分支切割算法进行求解；Park 和 Song（1997）

通过修正和改进一种确定性 VRP 的求解算法，构造了三种新的启发式算法。

对于实时车辆调度问题，随着实时信息的到来，对调度方案进行了不断调整。在制订路线方案和对方案进行调整的决策时刻，仅仅考虑当前已知的信息，对未来事件和信息一概不做考虑。

从文献中总结得出，求解该类问题每个决策点的静态问题的算法有三种：一是经典的最优化算法；二是简单规则启发式算法或者局部搜索启发式算法；三是最优化算法与启发式算法相结合的混合算法。

Regan（1997）、Mahmassani 等（2000）和 Yang 等（2004）都研究了带装卸任务的动态车辆分配问题，每个任务都有一个卸货截至时间，如果超过卸货点要求的最后期限，就要支付一定的惩罚费用。目标函数是在接受一定任务量的情况下，最小化空驶距离、从拒绝的任务中可能得到的收益以及超期惩罚费用之和。但是，在处理静态问题时的求解方法各有不同：Regan 采用了一种基于简单规则的算法；Mahmassani 等采用了一种混合方法；Yang 等在其第一篇文章中提出了一种最优化方法，在其第二篇文章中提出了一种局部搜索与最优化算法相结合的混合算法。

Shieh 等（1998）研究了一种带硬时间窗约束的静态车辆路径问题的动态情况。对于每个静态问题，采用基于插入的算法将新任务插入已有的路径中，并采用局部搜索算法对路径进行改进。Ichoua 等（2000）研究了带软时间窗的动态车辆路径问题，研究的问题与 Shieh 的很类似，只是时间窗具有一定的灵活性，允许延迟但要支付一定的惩罚费用，最后提出了一种禁忌搜索算法对问题进行了求解。

Larsen 等（2002）研究了一个动态旅行修理工问题，需要对所有的用户进行服务，而一些用户是动态到达的，目标是最小化完成所有任务的总成本。文中测试了多种优化策略：先到先服务策略（First Come First Served,

FCFS)、邻近优先服务策略（Nearest Neighbor，NN）、随机排队中位策略（Stochastic Queue Median，SQM）、分区策略（Partitioning，PART）。通过对计算结果的分析得出，计算结果与问题的动态度呈线性关系。

从求解策略来看，动态车辆调度问题的算法可分为两大类：一类是重新优化策略；另一类是局部优化策略。

重新优化策略实际上就是动态问题的静态求解，即一旦接收到确定的实时信息就从头开始重新寻找最优车辆路径。成功运用重新优化策略的一个典型例子是 Bell 等（1983）用于研究运送大宗商品的车辆调度问题，该研究的核心是基于 Lagrangian 松弛和乘子调整技术的静态算法。此外，Psaraftis 在解决动态单车 DARP 问题时也采用了这种策略。当输入发生更新时，采用动态规划算法重新优化。但是，该策略最多只能解决 10 个需求的小规模问题。

Yang 等（2002）研究了基于重优化的方法，构造了一个某一时段静态问题的数学规划模型，随着时间的推移，重复求解该模型。当服务请求连续出现时，对车辆进行动态的分配以及任务的重新排序以执行接受的任务。在每个决策时刻，都需要求解一个数学规划模型，以对车辆进行再分配，当一辆车已经在前往某个取货任务的路上时，可以更改路线去完成另一个取货任务；当新的取货任务到达或者条件变化时，需对所有的任务进行重新排序。车辆调度问题本身就是 NP-hard 问题，如果每接收一项实时信息就重新进行优化，那么所需的计算量简直不可想象，况且在许多情况下必须对信息进行快速处理，可能没有重新优化所需的时间与其他资源。因此，尽管重新优化策略在理论上是可行的，但在实际中却是不可取的。

与重新优化策略不同，局部优化策略是事先根据已知的信息制定初始路径，当接收到实时信息后，用局部搜索方法改进初始路径。尽管局部优化策略获得的路径可能劣于重新优化策略，但是节约了大量的计算时间，适用于实际的车辆调度系统，因此运用局部优化策略算法的研究较多。

Wilson 和 Miller（1977）提出了求解动态 DARP 问题的插入法，插入的原则是在所有可行插入位置最小化任务出现到计划取货的延迟时间、从取货点到卸货点的行驶时间以及计划取货和承诺取货时间之间的时间差。Wilson 与其合作者在后来的研究中，又对该插入法做了改进，一旦接收到新需求，并不马上进行指派，而是等待未来的需求到来，以降低插入法的短视行为，也可以把插入法和重优化算法结合在一起，对路径进行优化以获得更好的解。

Madsen 等（1995）研究了运送老年人和残疾人时的动态车辆调度问题，提出了一种新的插入方法，即先用修正插入法静态安排车辆路径，然后以最小化新顾客和已存在顾客的不便度作为插入准则，按序列模式处理实时需求。Gendreau 等（1996）构造了一种适应性存储的禁忌搜索算法，用于并行求解信使服务问题，算法按主—从模式构造，主进程控制适应性存储，即存储搜索过程中最好解的路径，从进程执行以 CROSS 交换作为邻域的禁忌搜索。

Regan（1997）在研究动态车辆调度问题时，提出了一种快速局部搜索算法，基本思想是采用一种插入技术，即将新出现的用户插入原有调度方案中。这种方法很容易执行并具有很短的计算时间。Regan 明确认识到由于实时信息的存在，调度员具有更大的选择空间，并提出了多种局部规则，对带装卸任务的动态车辆调度问题中的车辆动态分配进行了研究。最后通过仿真算例的计算验证了这些局部规则的计算有效性，表明在一个动态环境中采用这些启发式方法可以达到相当好的性能。但是，这种方法仅仅进行了路径构造，而没有采用路径改进算法对方案进行改进。Dejun（2000）

研究了考虑时间窗的动态路径问题，通过反复求解最小成本流问题，使用滑动时间窗的求解方法来估计期望成本，并测试了该算法的求解效率。Xiangwen（2001）研究了几个简单的动态车辆调度问题，包括概率旅行商问题、动态旅行商问题和动态旅行修理员问题，并提出了几个基于服务区域分割的启发式算法。Xiangwen 认为，当交通密度很高时，基于区域分割的启发式方法能够获得动态旅行修理员问题的最优解。

与上述的优化方法不同，Shen 等（1995）通过 BP 神经网络学习有经验调度员的调度过程，逐渐调整连接权系数，使顾客的实时需求得到较快响应，不仅可以减轻调度员的工作量，还可以得到较优的车辆路径。

（二）国内车辆调度问题研究综述

在国内，郭耀煌及其学生从 1989 年起对多车场、多车型等类型的车辆调度问题进行了研究，并出版了一部专著——《车辆优化调度》。近年来，随着"物流热"的升温，国内学者对车辆调度问题的研究也开始重视起来。

汪寿阳等（2000）对定位—路径问题进行了分析，综述了集成物流管理系统中设施定位—营运车辆行程路线安排问题的主要研究进展，提出了有关求解问题的算法特点，最后提出了该研究领域应该关注的几个重要发展方向。祝崇隽等（2001）较全面地回顾了车辆调度问题领域的进展，介绍了车辆路径问题的几种主要分类方法，总结了车辆路径问题中几种常见的附加条件，分别介绍了确定车辆路径问题、随机车辆路径问题和模糊车辆路径问题出现的背景及其具体应用场合，讨论并总结了针对这些问题的不同建模方法和算法求解思路，以及这些算法的优点、局限和适用范围，最后简要介绍了国内该领域的发展现状，并结合供应链应用的需要指出了车辆路径问题的研究方向。袁庆达和游斌（2001）总结了库存—路径问题研究的一些成果，着重分析了此类问题的性质和已有研究中存在的不足，并指出了潜在的研究方向。谢秉磊等（2002）对动态车辆路径问题的特征进行了总结，延伸了该问题的定义，回顾了近些年对该问题模型、渐进结果和算法的研究成果，并对动态车辆路径问题的未来发展方向作以展望。刘云忠等（2005）介绍了车辆路径问题的分类和限制条件，全面综述了国内外关于车辆路径问题的模型及算法研究现状，重点探讨了车辆路径问题的模型构造、求解算法及适用范围。

综合分析国内的已有文献可知，国内的研究大部分还是集中于静态车辆调度问题。邹彤等（2004）研究了不确定车辆数的有时间窗车辆路径问题，给出了不确定车辆数的有时间窗车辆路径问题的数学模型，提出了一种基于用户的编码表示方式，可以表示出不同的车辆数，并实现带时间窗车辆路径问题的路径长度和车辆数的同时优化。崔雪丽等（2004）给出了一种可快速求解车辆调度问题的蚂蚁搜索算法。通过定义基本的人工蚂蚁状态转移概率，并结合局部搜索策略，用迭代次数控制算法的运行时间。李宁等（2004）将粒子群算法应用于车辆路径优化问题，构造了车辆路径问题的粒子表达方法，提出了求解车辆调度问题的粒子群算法。

赵燕伟等（2004）提出了以双种群遗传算法求解车辆路径问题的方法。在求解过程中，初始化两个种群，分别选择不同的交叉、变异概率，在一次迭代完成后，交换种群间的优秀个体所携带的遗传信息，以打破种群内的平衡态，跳出局部最优解。张震（1995）针对单车场满载问题，提出了考虑运输行程约束的优化方法。蔡延光等（1998）应用并行禁忌搜索算法和模拟退火算法对满载问题进行了求解。谢秉磊等（2000）对物流配送车辆调度问题进行了较为深入的研究，提出了多种求解算法。符卓（2004）

研究了具有取货能力约束的开放式车辆路径问题,给出了问题求解的禁忌搜索算法。

国内对动态车辆调度问题的研究起步很晚。从目前可查到的文献来看,最早的是袁健和刘晋在 2000 年发表的一篇文章,他们利用 Hopfield 人工神经网络解组合在最优化问题时计算量不随维数指数增加这一优点,针对一类随机需求情形 VRP 问题给出了一种 Hopfield 人工神经网络解法。随后,刘浩等(2001)研究了两种类型车辆的随机需求路由问题,引入了单位容积和路程的花费的概念,在服务仅能失败一次的情况下,结合车辆的容积和最大服务结点数,根据平均花费和最大服务结点数之间的关系得到了两个派车策略,节约了计算量,使两阶段的模拟退火算法能更有效地解决问题。李冰(2005)对动态车队管理问题进行详细分析并严格地给出了动态车队管理问题的定义。根据不同的研究角度和应用背景对动态车队管理问题进行了分类,分析了不同动态车队管理问题模型的优缺点。郭强和谢秉磊(2003)研究了具有随机行驶时间的车辆路径问题,在 Laporte 等(1986)研究的基础上,提出了一个考虑车辆容量的机会约束模型,并采用遗传算法进行了求解。张建勇和李军(2005)在对模糊需求信息条件下的车辆调度问题进行简单描述的基础上,阐述了全面、实时地考虑所有可用信息的动态模糊车辆调度问题的求解思路,并通过引入决策者主观偏好和模糊可能性的概念,构建了问题求解的数学模型,给出了一种实时启发式算法。在最小化车辆行驶距离的目标下,通过随机模拟方法研究了决策者主观偏好值对最终决策目标的影响作用。

尽管国内学者对车辆调度问题的研究已经有了一些成果,但是总的来说,对车辆调度问题的研究仍然存在一些问题,主要表现在:一是所研究问题基本上集中于确定性问题,尤其是集中于有/无时间窗的车辆调度问题，对动态车辆调度问题的研究还很少；二是该领域的研究者群体小，研究手段比较单一。

动态车辆调度问题中的不确定性因素主要包括需求量的不确定、用户的不确定以及行驶时间的不确定等。在大部分的研究文献中，用户的不确定性往往是用概率的形式表示，即给定某用户在未来时刻被服务的可能概率。但是，在实际问题中由于问题的动态性，用户是随机出现的，对出现的位置不可能进行预测，也无法根据历史数据判断用户未来被服务的概率。对于动态出现的用户需求，很多学者均未考虑用户需求不能被服务的情况。因此，有必要对用户需求的可行性进行判断，以增加动态车辆调度实际应用的可操作性。

另外，动态车辆调度问题中的一个关键因素是对时间的考虑。为了能够根据实际情况动态调整方案，调度员需要在很短的时间内给出合理的决策，这就要求问题的求解时间非常短。而在很多的实际问题中，问题的规模通常都很大，有必要研究有效的求解算法。

第三节　研究内容及组织结构

一、研究内容

本书在系统分析应急物流配送车辆调度问题性质的基础上，研究了四类动态车辆调度问题，针对每种问题的特性，分别建立了相应的数学模型并给出了问题求解的算法。主要研究内容如下：

（1）假设车辆可以进行实时控制，并且在考虑车辆实时位置和状态的情况下，对动态取货车辆调度问题进行了详细的定义。针对考虑实时任务到达的动态取货车辆调度问题的特点，建立了问题求解的数学模型。提出了两种问题求解算法：实时插入算法和基于滚动时域的两阶段算法。实时插入算法的求解思路是只要到达一个任务就进行优化。基于滚动时域的两阶段算法定义了决策时段，对每个决策时段内的任务及车辆构造车辆调度方案。最后通过计算实例，对构建的模型及提出的算法进行了验证。

（2）研究了时变条件下的动态取货车辆调度问题，分析了车辆行驶时间随时间变化的成因及特点；通过对时变条件下的动态取货车辆调度问题的分析及研究内容的界定，给出了问题的数学描述，并建立了问题求解的数学模型；针对行驶时间变化所带来的车辆调度的难点，详细分析了车辆离开每个任务节点的最佳时刻。给出了考虑车辆行驶时间变动情况的混合滚动时域求解算法，根据行驶时间发生变化的不同时刻，分别采用不同的策略进行求解。最后通过一组计算实例，验证了本书建立的模型及提出的混合滚动时域求解策略的性能。

（3）研究了同时考虑取货要求和送货要求的动态取送货车辆调度问题。分析了动态取送货车辆调度问题的特点，建立了问题求解的数学模型。基于列生成算法在求解大规模问题时的良好性能，本书尝试用列生成算法求解动态取送货车辆调度问题。对于决策时段内不断到达的新客户，动态地为其生成新的列。最后通过计算实例，对模型及算法进行了验证。

（4）研究了一种特殊的动态取送货车辆调度问题及动态整车运输车辆调度问题。在任何时刻，单个车辆一次只能服务一个客户。针对整车运输的特性，详细分析了任务的时间窗口，建立了每个决策点问题求解的数学模型。基于动态整车运输车辆调度问题中客户的过饱和状态及客户的不同类型，提出了一种基于可行性指数的任务接受策略。当接受新的任务后，给出了包含新客户任务的车辆调度方案的更新及优化算法。最后通过了一组计算实例，对模型及算法进行了验证。

二、组织结构

本书的组织结构安排如下：

第一章是绪论。分析了应急物流配送的必要性和可行性，总结了国内外学者在应急物流配送车辆调度问题研究方面的成果，给出了本书的主要研究内容和主要工作。

第二章是基本理论及方法。介绍了物流配送相关理论及车辆调度问题的构成要素及分类，概括总结了车辆调度三大经典问题的基本理论及模型，并总结了车辆调度问题的求解方法。

第三章是应急物流配送动态取货车辆调度。分析了动态取货车辆调度问题的特性，构造了问题求解的数学模型，给出了问题求解的两种算法，最后通过一组计算实例，对本书构建的模型及提出的算法进行了验证。

第四章是时变条件下应急物流配送动态取货车辆调度。进一步研究了动态取货车辆调度问题，将行驶时间的变化也考虑进来。构建了问题求解的数学模型，提出了适应行驶时间变化情况的混合滚动时域策略。最后给出了一组计算实例。

第五章是应急物流配送动态取送货车辆调度。本章同时考虑了取货和送货情况。通过对动态取送货车辆调度问题的分析，建立了问题求解的数学模型，给出了问题求解的混合列生成算法。最后通过计算实例，对模型及算法的性能进行了验证。

第六章是应急物流配送动态整车运输车辆调度。该问题是动态取送货车辆调度问题中的一类特殊问题。在详细分析问题特性的基础上，建立了决策点问题求解的数学模型，设计了接受任务的可行性指数策略。提出了车辆调度方案更新的快速插入算法和方案优化的基于规则的禁忌搜索算法。最后通过计算实例，对模型、算法及策略进行了验证。

第二章
基本理论及方法

第一节　车辆调度问题相关理论

一、车辆调度问题描述

车辆调度问题可以描述为：在一个存在供求关系的系统中，有若干台车辆、若干个物流中心和用户，要求合理安排车辆的行车路线和出行时间，从而在给定的约束条件下，把用户需求的货物从物流中心送到用户手中，把用户供应的货物从用户手中取到物流中心，并使目标函数取得优化。

车辆调度问题的构成要素主要包括货物、车辆、用户、运输网络、约束条件和目标函数等。

货物是配送的对象。可将每个用户需求（或供应）的货物看成一批货物。每批货物都包括品名、包装、重量、体积、要求送到（或取走）的时间和地点、能否分批配送等属性。

车辆是货物的运载工具。其主要属性包括车辆的类型、有效载荷、一次配送的最大行驶距离、配送前的停放位置及完成任务后的停放位置等。

用户也称为客户，包括分仓库、零售商店等。用户的属性包括需求（或供应）货物的数量、时间、次数及满足程度等。

运输网络是由顶点（指物流中心、用户、停车场）、无向边和有向弧组成的。边、弧的属性包括方向、权值和交通流量限制等。运输网络中边或弧的权值可以表示距离、时间或费用。边或弧的权值变化分为以下四种情况：一是权值不随时间和车辆的不同而变化；二是权值随时间的不同而变化；三是权值随车辆的不同而变化；四是权值既随时间的不同而变化，又随车辆的不同而变化。对于运输网络权值间的关系，可以要求其满足三角不等式，即两边之和大于第三边，也可以不加限制。

车辆调度问题应满足的约束条件主要包括：所有用户对货物品种、规格、数量及交接货时间的要求，在允许通行的时间进行配送（如有时规定白天不能通行货车等），车辆在运输过程中的实际载货量不得超过车辆的有效载荷，在物流中心现有运力范围内，等等。

对于车辆调度问题，既可以只选用一个目标，也可以选用多个目标。经常选用的目标函数主要有总里程最短、车辆的吨位公里数最少、综合费用最低、准时性最高、运力利用最合理、劳动消耗最低等。

二、车辆调度问题分类

自车辆调度问题被提出后，许多学者对车辆运输调度问题从不同角度按不同标准进行了多种分类，分类结果如表2.1所示。

表 2.1　车辆调度问题分类

分类标准	类型
数学模型	旅行商问题（TSP）
	车辆路径问题（VRP）
	装卸货问题（PDP）
任务类型	纯取货或纯卸货车辆调度问题
	取送货混合车辆调度问题
时间限制	带时间窗车辆调度问题
	不带时间窗车辆调度问题
车库数量	单车库车辆调度问题
	多车库车辆调度问题
车辆类型	单车型车辆调度问题
	多车型车辆调度问题
车辆载货状况	满载车辆调度问题
	非满载车辆调度问题
车辆对车库的所属关系	开放式车辆调度问题
	闭合式车辆调度问题
已知信息程度	静态车辆调度问题
	动态车辆调度问题
优化目标	单目标车辆调度问题
	多目标车辆调度问题

第二节　车辆调度问题理论模型

本节将描述车辆调度中的旅行商问题、车辆路径问题和装卸货问题的基本理论及模型特点。

一、旅行商问题

旅行商问题（Traveling Salesman Problem，TSP）又包含经典旅行商问题及各种不同的变形问题。

（一）经典旅行商问题模型

旅行商问题也称货郎担问题、巡回销售员问题。该问题是一个典型的组合优化问题，可以简单地描述为：设有 N 个城市并已知各城市间的旅行费用，找一条走遍所有城市且费用最低的旅行路线。

设有 N 个点，记 c_{ij} 表示点 i 和 j 之间的成本（可以是路长或行驶时间）。定义变量：

$$x_{ij}=\begin{cases}1, & \text{路线中含弧}\ (i, j) \\ 0, & \text{反之}\end{cases} \qquad (2.1)$$

则目标函数为：

$$\min \sum_{i=1}^{N} \sum_{j=1}^{N} c_{ij} x_{ij} \qquad (2.2)$$

由于 TSP 的可行解是一个经过所有点的闭合回路，有如下约束：

$$\sum_{i=1}^{N} x_{ij} = 1, \ j \in \{1, 2, \cdots, N\} \qquad (2.3)$$

$$\sum_{j=1}^{N} x_{ij} = 1, \ i \in \{1, 2, \cdots, N\} \qquad (2.4)$$

$$\sum_{i=1}^{N} \sum_{j=1}^{N} x_{ij} \leq |S| - 1, \ S \subset N, \ 2 \leq |S| \leq N-1 \qquad (2.5)$$

$$x_{ij} \in \{0, 1\}, \ i \neq j, \ i, j \in \{1, 2, \cdots, N\} \qquad (2.6)$$

其中，$|S|$ 为集合 S 中所含的顶点个数。

约束条件（2.3）和约束条件（2.4）表示对每个顶点而言，仅有一条边进和一条边出。约束条件（2.5）保证了没有任何子回路解的产生，即除了自己所在的城市外，旅行商访问其他城市的次数不能超过一次。于是，满足上述约束条件的解构成了一条遍历所有顶点的 Hamilton 回路。

（二）TSP 问题的变形

在现实生活中，由于限制条件的增加，TSP 问题可以衍生出许多相关的问题。

（1）瓶颈（Bottleneck）的 TSP：目标是当一个旅行商遍历给定的所有城市时，最小化城市间的最长距离，而不是典型 TSP 问题中的最小化总行走距离或者行走成本。

（2）时间依赖（Time Dependent）的 TSP：当旅行商遍历所有城市时，城市间的行走费用（距离）随着时间的不同而变化，目标仍然是最小化遍历所有城市的总路程。

（3）概率（Probabilistic）的 TSP：在每一个问题实例中，旅行商访问的城市个数是不固定的，以某种概率 P（S）选中城市中的一个子集。

（4）带时间窗的 TSP（TSPTW）：每一个城市都有一个允许被访问的时间窗口，旅行商必须在时间窗口内访问该城市。这类问题又可以分为两个子类：带硬时间窗的 TSP 和带软时间窗的 TSP。

带软时间窗的 TSP 可描述为：有一个旅行商访问 N 个城市时，要求访问每个城市一次且仅一次，尽可能在一定的时间范围内访问，否则将产生等待或者延迟费用，求成本最小的旅行线路。

定义 c_{ij} 表示旅行商从城市 i 到达城市 j 的行进成本，若 $i=j$，则定义 c_{ij} 为一个足够大的正数 M；t_{ij} 表示旅行商从城市 i 到达城市 j 所花费的时间；s_i 表示旅行商到达城市 i 的时刻，要求尽可能落在城市 i 要求的时间范围 $[\tau_i^-,$ $\tau_i^+]$ 内。t_{ij} 和 s_i 有如下关系：

$$s_j = s_i + t_{ij} + \max(\tau_i^- - s_i, \ 0) \tag{2.7}$$

设城市 1 为旅行商的出发点和返回点，则该问题的目标函数为：

$$minZ = \sum_{i=1}^{N} \sum_{j=1}^{N} c_{ij}x_{ij} + d\sum_{j=1}^{N} \max(\tau_j^- - s_j, \ 0) + e\sum_{j=1}^{N} \max(s_j - \tau_j^+, \ 0)$$

$$(2.8)$$

式（2.8）由三部分组成：第一部分表示不考虑时间约束时的旅行费用；第二部分表示旅行商到达城市 i 的时刻早于 τ_j^- 而等待的惩罚费用，提前惩罚系数为 d；第三部分表示若旅行商到达城市 i 的时间晚于 τ_j^+ 的延期惩罚费用，延迟费用的延期惩罚系数为 e。d 和 e 的取值可以根据实际情况来确定。

带硬时间窗的 TSP 可描述为：一个旅行商必须在给定时间范围内访问各个城市，如果超出这个时间范围访问，所得到的旅行商线路为不可行解。该问题尽管与带软时间窗的 TSP 十分相似，但不能使用相同的传统方法。该问题的目标函数如下：

$$minZ = \sum_{i=1}^{N} \sum_{j=1}^{N} c_{ij}x_{ij} + M\sum_{j=1}^{N} \max(\tau_j^- - s_j, \ 0) + M\sum_{j=1}^{N} \max(s_j - \tau_j^+, \ 0)$$

$$(2.9)$$

各变量的含义与带软时间窗的 TSP 问题中的含义相同。由于在带硬时间窗口的 TSP 问题中时间窗口约束必须满足，应有 $M \rightarrow \infty$。在实际的求解过程中，取 M 为适当大的正数，于是问题转化为带软时间窗的 TSP。

二、车辆路径问题

在旅行商问题中，如果将一个旅行商扩展为多个旅行商，每一个旅行商均以同一个点作为起始点和终止点，且每个点（除出发点外）恰好被某个旅行商访问一次，则该问题成为一个多旅行商问题（Multiple Traveling Salesman Problem，MTSP）。在应用中，将旅行商对应一辆车，旅行商的出发点对应于车辆的车库，其他点对应于需要供货或者卸货的点，则 MTSP 问题便是一个多车辆的路线问题。进一步地，如果对每条路线施加车辆取货容量限制，就成为著名的车辆路径问题（Vehicle Routing Problem，VRP）。

一般地，VRP 问题的目标函数是最小化车辆完成所有取/送货任务的总成本，其中需要满足的约束条件是：一是每辆车以同一车库为起点和终点；二是每个需求点必须由一个车次完成其取货或送货；三是每辆车的总装货量不得超过车辆的有效载荷。

VRP 数学模型中的符号定义如下：N 为所有用户的总数；K 为服务用户所需要的车辆数目；Q 为每辆车的有效载荷；d_i 为需求点 i 需要运输的货物量；c_{ij}^k 为车辆 k 从点 i 直接到达点 j 的运输成本（与车辆运量无关）；$x_{ij}^k \in \{0, 1\}$，如果车辆 k 在服务完任务 i 后接着服务任务 j，则 x_{ij}^k 取值为 1，否则取值为 0。$i \neq j$，$i, j \in N$。

则 VRP 问题的数学模型如下：

$$\min \sum_{i=0}^{N} \sum_{j=0, j \neq i}^{N} \sum_{k=1}^{K} c_{ij}^k x_{ij}^k \qquad (2.10)$$

s. t.

$$\sum_{i=0}^{N} \sum_{k=1}^{K} x_{ij}^k = 1, \quad j \in \{1, 2, \cdots, N\} \qquad (2.11)$$

$$\sum_{j=0}^{N} \sum_{k=1}^{K} x_{ij}^k = 1, \quad i \in \{1, 2, \cdots, N\} \qquad (2.12)$$

$$\sum_{i=0}^{N} x_{il}^k - \sum_{j=0}^{N} x_{lj}^k = 0, \ l \in \{0, 1, 2, \cdots, N\}, \ k \in \{1, 2, \cdots, K\} \qquad (2.13)$$

$$\sum_{i=1}^{N} d_i \Big(\sum_{j=0, j \neq i}^{N} x_{ij}^k \Big) \leq Q, \ k \in \{1, 2, \cdots, K\} \qquad (2.14)$$

$$\sum_{i=1}^{N} x_{i0}^k \leq 1, \ k \in \{1, 2, \cdots, K\} \qquad (2.15)$$

$$\sum_{j=1}^{N} x_{0j}^k \leq 1, \ k \in \{1, 2, \cdots, K\} \qquad (2.16)$$

约束条件（2.11）和约束条件（2.12）确保每个配送需求点恰好被车辆访问一次。约束条件（2.13）是流守恒条件，即车辆到达某点后，必须离开该点。约束条件（2.14）是车辆容量限制。约束条件（2.15）和约束条件（2.16）限制车辆最多只能有一条回路。

VRP 问题的解是一组车辆路径的集合，每一辆车对应一条路径，包括两方面：一是用到的车辆数量（路径的数量）；二是每辆车访问用户的顺序以及时刻。

三、装卸货问题

装卸货问题是为一个车队寻找最优的运输路径来满足所有用户的运输需求，车队中的每一辆车从车库出发，沿优化的路径为用户服务并最终返回车库。在带时间窗口的装卸货（PDPTW）问题中，每一辆车都给定最大容量，从车库出发并最终返回车库。每个用户都指定一个装货点、一个卸货点和运输的货物量。装货点、卸货点以及车库都有时间窗口，车辆必须在规定的时间窗口内访问装货点、卸货点和车库。即在运输网络中，已知待服务用户的装货点、卸货点和车库的位置及时间窗口，车辆的最大容量和运输的货物量的前提下，设计车辆运输路径，使总运输成本最小。

如果所有用户能被一辆车全部服务，相应的 PDPTW 问题称为单车 PDPTW 问题；如果由多辆车来满足所有用户的运输需求，则对应的问题称为多车 PDPTW 问题。

假设每辆车的类型都相同，以下给出了 PDPTW 问题的数学描述：

设 G 是所有用户的集合，n 是集合 G 中所有用户的数目。每一个用户都指定一个装货点和一个卸货点，因此装货点、卸货点的个数都为 n。不妨设用户 i 的装货地点为点 i，其对应的卸货点则为点 $n+i$，点 0 和点 $2n+1$ 表示车库。因此，用 $P^+ = \{1, 2, \cdots, n\}$ 表示装货点集合，$P^- = \{n+1, n+2, \cdots, 2n\}$ 表示卸货点集合，那么 $P = P^+ \cup P^-$ 表示除车库以外所有点的集合。用 $N = \{0, 1, 2, \cdots, n, n+1, \cdots, 2n, 2n+1\}$ 表示包括车库在内的所有点的集合。对每个用户 $i \in G$，要求将重量为 d_i 的货物从装货点 i 运送到卸货点 $n+i$。设 $i \in P$ 的时间窗口为 $\left[\tau_i^-, \tau_i^+\right]$ （$\tau_i^- \leqslant \tau_i^+$），$\tau_i^-$ 和 τ_i^+ 分别表示该点的最早和最晚服务时间，即点 i 只能在此时间窗口内接受服务。设 $\left[\tau_0^-, \tau_0^+\right] = \left[\tau_{2n+1}^-, \tau_{2n+1}^+\right]$ 是车库的时间窗口，表示车辆离开车库的最早时间和返回车库的最晚时间。V 是车辆 k 的集合，K 是集合 V 中的车辆数目，Q 是车辆的最大容量。对于不同的两个点 $i, j \in \mathbf{N}$，t_{ij} 和 c_{ij} 分别代表从点 i 到点 j 的运输时间和运输代价。设点 i 的服务时间为 s_i，由于 s_i 可以很容易并入运输时间 t_{ij} 中，因此可以不单独考虑用户的服务时间。

为了建立 PDPTW 问题的数学模型，定义以下三个变量：一是决策变量 x_{ij}^k，$i, j \in N$，$i \neq j$，$k \in V$：表示车辆 k 是否从点 i 行驶到点 j。当车辆 k 从点 i 行驶到点 j，则决策变量 x_{ij}^k 取值 1，否则取值为 0。二是时间变量 t_i^k，$i \in N$：表示车辆 k 在点 i 的开始服务时间。三是用户的货运量 d_i^k：表示车辆 k 在服务了点 i 后所收取的货物量。

约束条件主要包括以下六种：

第一，时间窗口约束：车辆必须在规定的时间窗口内服务装货点或者卸货点。如果车辆在 τ_i^- 之前到达点 i，必须在点 i 等待到 τ_i^- 才能开始取/卸货并支付一定的提前惩罚费用；如果车辆在 τ_i^+ 之后到达点 i，就必须支付一定的延期惩罚费用。

第二，访问约束：车辆到用户指定的装货点装货，然后运输到相应的卸货点卸货。每一个点都必须被一辆车服务且只能服务一次。

第三，车库约束：车辆必须从车库出发到某一装货点，最后从某一卸货点返回车库。车辆返回车库后不允许再次出发。

第四，成对约束：一个用户需求的装货点 i 和其对应的卸货点 $n+i$ 必须被同一辆车访问。

第五，次序约束：用户需求的装货点必须在对应的卸货点 $n+i$ 之前被访问。

第六，容量约束：任何时刻车辆所装货物量之和不能超过车辆的最大容量。

PDPTW 问题优化的目标函数是总运输成本最小。一般来说，与总运输成本有关的费用包括两种：一是车辆的固定成本。固定成本是总运输成本中最主要的部分，因而要尽可能地减少使用的车辆数目。二是与车辆行驶距离有关的成本。

PDPTW 问题优化的目标函数就是这两个成本的加权和。设单位车辆的固定成本为 f_1，单位行驶距离的成本为 f_2，则 PDPTW 问题的数学模型为：

$$\min f_1 m + f_2 \sum_{k=1}^{K} \sum_{i=0}^{2n+1} \sum_{j=0}^{2n+1} c_{ij} x_{ij}^k \tag{2.17}$$

s. t.

$$\sum_{k=1}^{K} \sum_{j=0}^{2n+1} x_{ij}^k = 1, \ i \in \{1, 2, \cdots, 2n\} \tag{2.18}$$

$$\sum_{j=0}^{2n+1} x_{ij}^k - \sum_{j=0}^{2n+1} x_{ji}^k = 0, \ i \in \{1, 2, \cdots, 2n\}, \ k \in \{1, 2, \cdots, K\} \tag{2.19}$$

$$\sum_{j=1}^{n} x_{0j}^k = 1, \ k \in \{1, 2, \cdots, K\} \tag{2.20}$$

$$\sum_{j=n+1}^{2n} x_{j,2n+1}^k = 1, \ \forall k \in \{1, 2, \cdots, K\} \tag{2.21}$$

$$\sum_{j=0}^{2n+1} x_{ij}^k - \sum_{j=0}^{2n+1} x_{j,n+i}^k = 0, \ i \in \{1, 2, \cdots, n\}, \ k \in \{1, 2, \cdots, K\} \tag{2.22}$$

$$\tau_i^- \leqslant t_i^k \leqslant \tau_i^+, \ i \in \{0, 1, 2, \cdots, 2n\} \tag{2.23}$$

$$t_i^k + t_{i,\,n+i}^k - \left(1 - \sum_{j=1,\,j\neq i}^{n} x_{ij}\right) M \leqslant t_{n+i}^k,\ i \in \{1,\ 2,\ \cdots,\ n\},\ k \in \{1,\ 2,\ \cdots,\ K\}$$

$$(2.24)$$

$$d_0^k = 0,\ k \in \{1,\ 2,\ \cdots,\ K\} \tag{2.25}$$

$$d_i \leqslant d_i^k \leqslant Q^k,\ i \in \{1,\ 2,\ \cdots,\ n\},\ k \in \{1,\ 2,\ \cdots,\ K\} \tag{2.26}$$

其中，m 是用到的车辆数量，M 是一个足够大的正数。

PDPTW 问题的解是车辆路径的集合，每一辆车对应一条路径，包括两个方面：一是需要用到的车辆数量，即多少条路径；二是每辆车访问每一个点的顺序及时刻。

第三节　车辆调度问题求解方法

车辆调度问题的求解方法有很多，但究其本质来讲，包括两大类：最优化算法和启发式方法。

一、最优化算法

最优化算法也称为精确算法，是指能够通过有限的计算和推理得到优化问题最优解的算法。在车辆调度问题中，最优化算法就是找到一组车辆路径集合，使其目标函数值比其他任何一组可行路径集合的目标函数值更好。最优化算法的时间复杂度一般比较大，计算时间随着问题规模的增大呈爆炸式增加，所以最优化算法解决问题的规模不大，在实际问题中的应用范围有限。

（一）动态规划算法

动态规划算法的思想是从最后一个决策开始反推前面的决策。动态规划算法的结构分为两部分：一是将问题分解为可以决策的多个状态；二是从一个状态到其他状态的递推公式的定义。

动态规划算法的有效性基于状态空间的减少和状态转换数量的减少。动态规划法求解车辆调度问题的思路如下：

用0表示物流中心，i表示用户（$i = 1$，2，$\cdots$，L）；令$S = \{1, 2, \cdots, L\}$表示所有用户的集合；若用S_1，S_2，$\cdots$，S_k分别表示第1，2，$\cdots$，K条路线上用户的集合，K为所需的车辆数，则有$S = S_1 \cup S_2 \cup \cdots \cup S_K$，$S_j \cap S_k = \emptyset$，$j \neq k$，$j$，$k = 1$，2，$\cdots$，$K$。

设从0出发，用最合适的配送路线向$S_j (j = 1$，2，$\cdots$，$K)$送货，再回到0的配送距离为$D(S_j)$，则车辆调度问题的目标是使总运送距离$\sum_{j=1}^{K} D(S_j)$最小。

用$f_k(U)$表示使用第k辆车对部分用户集合U配送时的最小运送距离。由最优化原理可得下面的递推公式：

$$f_k(U) = \min_{U^* \subset U} \{f_{k-1}(U - U^*) + D(U^*)\} \tag{2.27}$$

其中，集合U^*是使总运送距离最小的S的最合适部分S_1，S_2，$\cdots$，S_K。

对于小规模的车辆调度问题，利用动态规划法可以得到车辆调度问题的精确最优解。Eilon首先采用该方法求解固定车辆数的车辆调度问题，通过递归方法求解。为减小问题的计算规模，引入可行性规则或松弛过程减少状态的数量。其后，Christofidses（1981）提出了状态空间松弛方法，极大地减少了状态数量。Kolen等（1987）提出了求解带时间窗问题的动态规划算法，该算法通过搜索树实施分支，应用动态规划求解带时间窗的最短路问题。

（二）分支定界算法

分支定界算法最基本的思想是在每次分支后基于目标函数的上界、下界作额外测试，删除大于（或小于）当前目标函数值的节点，从而缩小搜索空间。

当选定松弛问题和划分方法后，分支定界算法的步骤如下：

步骤 1：取 $S_0 = S$（S 为所有可行解的集合），对应顶点 v_0，问题 0 是活问题，给定下界 z，现在最好的解是空集 $\varnothing$，转步骤 6。

步骤 2：看是否有活的并且没有探查的问题，如果没有，转向步骤 6；如果有，取一个活问题 j 探查。

步骤 3：如果松弛问题集合 $T_j = \varnothing$，则把问题 j 改为已被查清的，转回步骤 2。

步骤 4：如果问题 j 的松弛问题的最优值 z_j 小于等于现有下界，则把问题 j 改为已被查清的，转回步骤 2。

步骤 5：如果问题 j 的最优解 $X_j^0 \in S_j$，因为问题 j 已经经过步骤 4 的检查，所有一定有 z_j 大于现有下界，则

步骤 5.1：把问题 j 改为已被查清的；

步骤 5.2：把现有最好的解与下界分别改为 X_j^0 和 z_j；

步骤 5.3：检查每一个活问题 j，如有 z_j 小于改进以后的下界，则把问题 j 改为已被查清的（这一做法通常叫作"剪枝"），转向步骤 2。

步骤 6：判断是否有活问题，如果没有，转向步骤 7；如果有，选一个使 z_j 最大的问题，把问题 j 划分成几个新的子问题，令这几个新子问题为活问题，解出它们的松弛问题，转向步骤 2。

步骤 7：如果现有最优解与下界为 $\varnothing$ 与 z，则原问题没有可行解，否则记录下现有的最优解与下界就是原问题的最优解和最优值。

Laporte 等（1986）采用该方法求解了非对称约束的车辆路径问题。利用了 VRP 和其松弛形式 m-TRP 之间的关系，根据 Lenstra 和 Kan（1981）给出的车辆数 m 的上界 m_u，多车 TSP 问题可以转化为单车 TSP 问题，接下来用分支定界求解。

（三）集合分割和列生成算法

1962 年，Balinskim 等首先提出了车辆调度问题的集合分割算法。它直接考虑可行解集合，在此基础上进行优化，因此建立的 VRP 模型很简单。其缺陷在于：如果问题所受约束不严格，则所需要计算的状态空间非常大。对于规模相对较小的、约束严格的问题，可通过线性松弛，引入割平面进行求解。于是，Rao 和 Ziont（1968）引入了列生成方法进行求解，在该方法中，原问题被转化为简化问题，考虑的范围是所有可能的可行解的子集，在此基础上重复求解，通过引入优化对偶变量向量，对该简化问题松弛，计算列的最小边际成本确定最优解。该算法本质上是最短路径算法，同时结合了分支定界算法。

（四）k 度中心树和相关算法

k 度中心树和相关算法是由 Christofides 等（1981）提出的，对固定车辆数的多车 TSP 问题进行 k 度中心树松弛，其模型是从边的角度建立的，出发点用 k 条边来表示，其他点用两条边表示，通过拉格朗日松弛法，将其中的一个约束条件消去，并进一步将原来的最小化问题转化为多个易于求解的子最小化问题，然后进行求解。

二、启发式方法

由于车辆调度问题是 NP-hard 问题，并且现实中该问题的规模一般很大，因此在能够接受的计算时间内找到问题的最优解是不可能的，而启发式算法可以在相对短的时间内找到满意解，因此为了求解现实中存在的大规模车辆调度问题，研究人员把精力主要放在了构造高质量的启发式方法上。

（一）插入算法

插入算法是一种序列构造路线法。从初始路线出发，序列构造路线，并在不存在可行插入时新增一条初始路线。插入算法的关键是选择最合适的未分配点插到路线中的最佳位置。

记当前路线为 $(0, 1, \cdots, i, \cdots, n)$。对于未分配点 h，Solomon（1987）从距离和时间两个方面，提出了确定最佳插入位置的计算公式：

$$\min c(i, h, j) = \alpha_1 c_1(i, h, j) + \alpha_2 c_2(i, h, j) + \alpha_3 c_3(i, h, j) \tag{2.28}$$

$$\alpha_1 + \alpha_2 + \alpha_3 = 1, \quad \alpha_1 \geqslant 0, \quad \alpha_2 \geqslant 0, \quad \alpha_3 \geqslant 0 \tag{2.29}$$

$$c_1(i, h, j) = d_{ih} + d_{hj} - \lambda d_{ij}, \quad \lambda \geqslant 0 \tag{2.30}$$

$$c_2(i, h, j) = b_{j_h} - b_j \tag{2.31}$$

$$c_3(i, h, j) = l_h - b_h \tag{2.32}$$

其中，$c_1(i, h, j)$ 表示将点 h 插入相邻两点 i 和 j 之间的距离成本，$c_2(i, h, j)$ 表示由于点 h 的插入而造成的在点 j 的开始服务时间的延迟，$c_3(i, h, j)$ 表示在点 i 和 j 之间插入点 k 的时间余地，d_{ij} 表示点 i 和 j 之间的距离成本，α_1、α_2、α_3 和 λ 是定义的比例系数。

对于未分配点的选择，Solomon 提出了以下的选择公式：

$$c'(i, h^*, j) = \min\{c'(i, h, j) \mid h \text{ 为未分配点，且插入是可行的}\}$$

其中，$c'(i, h, j)$ 有两种计算方法：

方法一：$c'(i, h, j) = \dfrac{\gamma(d_{0k} + d_{h0})}{2} - c(i, h, j)$，$\gamma \geqslant 0$。

方法二：$c'(i, h, j) = \beta_1 R^d(h) + \beta_2 R^t(h)$，$\beta_1 + \beta_2 = 1$，$\beta_1 \geqslant 0$，$\beta_2 \geqslant 0$，其中 $R^d(h)$ 和 $R^t(h)$ 分别表示插入点 h 后的路线总长度与路线总时间。

2000 年，Jacques 提出了最远插入算法。最远插入算法是 Solomon 插入算法的扩展算法，其不同于 Solomon 插入算法的地方在于不是随机地选择要插入的用户，而是选择离车库最远的用户优先插入，以得到比较好的解。最远插入算法的实现步骤如下：

步骤 1：设置初始车辆路径为空。

步骤 2：选择距离车库最远的那个用户作为待插入用户。

步骤 3：找到待插入用户在当前路径中使代价的增加最小的最优插入位置，将其插到该位置。

步骤 4：判断是否还存在未服务用户，如果不存在，就停止，转下一步；否则转到步骤 2。

步骤 5：输出车辆调度方案。

（二）路线改进局部搜索算法

对于车辆调度问题解的改进，通常采用在解的某个邻域进行局部搜索的方法。而作为车辆调度问题的局部搜索算法，首先要对解的邻域进行定义，并制定路线更新和算法终止的准则。一般地，一个解的邻域是指在既定变换规则下将该解更新后所构成的解集。如果在解的邻域存在一个比该解更优的解，则进行解的更新，从而完成一次改进；否则，称当前解为局部最优解。

车辆调度路线改进的局部搜索算法中，有两种选择更新的策略：最先接受策略（First Accept，FA）和最优接受策略（Best Accept，BA）。最先接受策略是指一旦出现更好的解，则即刻进行更新；最优接受策略则要求从中选取一个最好的解来更换原来的解。

1. 2-opt 交换算法

2-opt 交换算法的基本思路是：从路径中删除两条边，然后从路径别的部分加上两条边，使路径保持完整。如果交换使路径可行且路径长度缩短，则保留交换结果；否则不保留交换结果。2-opt 交换算法就是逆转某两个访问之间有向流的方向，从而可望缩短路线的总里程。如图 2.1 所示，A 和 B 两个访问之间的路线经 2-opt 邻域移动后被逆转了。

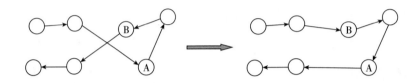

图 2.1 2-opt 交换算法示意

2. Or-opt 交换算法

Or-opt 交换算法的思路是：在对应某一台车辆的路线内，尝试在不违反任何约束的情况下，将由若干个连续访问构成的小片段移动到该路线中的其他位置；首先尝试移动任意单个访问，其次尝试移动由任意两个连续访问构成的小片段，最后尝试移动由任意三个连续访问构成的小片段。如图 2.2 所示，由访问 C 和 D 构成的小片段，被移动到了 A 和 B 之间的新位置，从而缩短了路线的总里程。移动的过程相当于剪除了原路线中的三条弧后重新创建了三条弧。

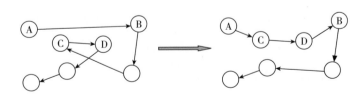

图 2.2 Or-opt 交换算法示意

3. Relocate 算法

Relocate 算法的思路是：在不违反任何约束的情况下，尝试把某个用户从其所在的车辆路线中移出并插入另一车辆的路线中。在重置过程中，用户可以被插入一条空路线中，或者被分配给一辆原来未使用的车辆，从而导致一条只完成了一个顾客访问的新路线产生。图 2.3 表明，访问 A 经重新分配被移动到另一条路线中访问 B 和 C 之间时，总里程被缩短了。该移动在剪除了原派遣路线中的三条弧后又重新创建了三条弧。

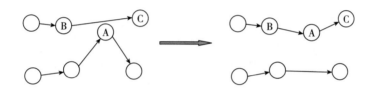

图 2.3　Relocate 算法示意

4. Exchange 算法

Exchange 算法的基本思路是：在不违反任何约束的情况下，尝试互换处于不同车辆路线中的两个用户的位置。如图 2.4 所示，两个访问 A 和 B 的位置在相互交换后，总里程得到了缩短。该交换过程剪除了原派遣路线中的四条弧，并重新创建了四条弧。

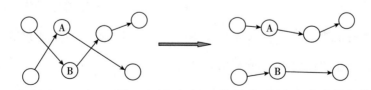

图 2.4　Exchange 算法示意

5. Cross 算法

Cross 算法的基本思路是：在不违反任何约束的情况下，尝试交换两条车辆路线的尾部。这里尾部的含义可以是一条路线从某个用户以后的整个部分，也因此交叉可以从一条路线的最后一个用户连接到另一条路线的第一个用户，导致两条路线的合并和一条空路线的产生。如图 2.5 所示，两条车辆路线分别在访问 A 和 B 之后的部分经过交叉以后，总里程得到了缩短。该交换过程剪除了原派遣路线中的两条弧，并重新创建了两条弧。

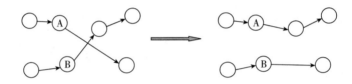

图 2.5　Cross 算法示意

（三）　遗传算法

遗传算法最早是由 Holland 在 1975 年提出，首先被 De long 用来解决复杂问题。Lawrence 和 Mohammad（1996）最先将该方法用于车辆调度问题，并可有效求解带时间窗的车辆调度问题。

遗传算法是借用适者生存规律进行局部搜索改进的一类算法。最优化问题的求解过程是从众多解中选出最优解，而生物进化的适者生存规律使最具有生存能力的染色体以最大可能生存。二者的共同点使遗传算法可以在优化问题中得以应用。具体体现在：

一是进化发生在解的编码上，这些编码按照生物学术语称为染色体。由于对解进行了编码，优化问题的一切性质都可通过编码来研究。

二是根据优化问题的目标函数定义适应性函数，按照适者生存的进化规律选取适应性大的个体交配。

三是在保持遗传特性的前提下，基因重组允许适当的变异。

遗传算法通过染色体的配对和变异过程实现种群的进化，每一次进化则对应一次解的迭代。当迭代次数达到最大次数限制或群体中的个体无显著差异时，迭代终止。典型的遗传算法的步骤如下：

步骤 1：选择一种编码方式，给出一个有 N 个染色体的初始群体，记为 $pop\,(t)$，取 $t=1$，其中 t 表示群体的代数。

步骤 2：计算群体 $pop(t)$ 中的每一个染色体 $pop_i(t)$ 的适应函数：

$$f_i = fitness(pop_i(t))$$

步骤 3：若满足终止条件，则算法停止；否则，计算每个染色体 $pop_i(t)$ 的概率：

$$p_i = f_i \bigg/ \sum_{j=1}^{N} f_i \,,\ i = 1,\ 2,\ \cdots,\ N$$

并以该概率分布从 $pop\,(t)$ 中随机选一些染色体构成一个种群，记为：$newpop\,(t)$。种群中允许一个染色体被选择多次。这种种群选取方式称为轮盘赌方式（Roulette-Wheel Scheme）。

步骤 4：以给定交叉概率选择种群 $newpop\,(t)$ 的染色体进行交叉后得到一个新的有 N 个染色体的群体，记为 $crosspop\,(t)$。

步骤 5：以较小概率确定群体 $crosspop\,(t)$ 中的一个染色体的一个基因发生变异；将变异后形成的群体 ［记为 $mutpop\,(t)$］ 作为第 $t+1$ 代群体，$pop\,(t+1) = mutpop\,(t)$，$t=t+1$；返回步骤 2。

遗传算法设计的主要内容包括确定问题的编码方案、适应函数、遗传算子的设计和确定算法的终止条件等。

1. 解的编码

遗传算法的基础工作之一是解的编码，只有在编码之后才可能有其他的计算。对于车辆调度问题，通常采用整数串来表示解的编码方式。大多数文献都使用了分隔符来区分不同路线所包含的配送点。

2. 初始种群的选取

种群数目是影响算法优化性能和效率的因素之一。通常，种群太小则不能提供足够的采样点，以致算法性能很差，甚至得不到问题的可行解；种群太大时尽管可增加优化信息以阻止早熟收敛的发生，但无疑会增加计算量，从而使收敛时间太长。在车辆调度问题中，一般采用随机方式或应用路线构造算法产生初始群体。

3. 适应函数的确定

适应函数用于对个体进行评价，也是优化过程发展的依据。一般地，适应函数与目标函数相关，以表示较优的解有较大的生存机会。在求解车辆调度问题中，通常将适应函数值定义为关于车辆数、总路长和总时间的函数。

4. 种群的选取

复制操作是为了避免有效基因的损失，使高性能的个体得以更大的概率生存，从而提高全局收敛性和计算效率。通常采用轮盘赌方式选取种群，其基本原理是：根据适应函数确定每个染色体的选取概率，使适应性大的染色体能够有更大的机会参与交叉和变异操作。

5. 交叉和变异

交叉操作用于组合出新的个体，在解空间中进行有效搜索，同时降低对有效模式的破坏概率。一种常用的交叉方式是2-交叉位方式，即随机选取2个交叉位，双亲以两个交叉位之间的基因相互替代形成两个新的后代。

变异方法在遗传算法中的重要性仅次于交叉方式，其主要目的是在局部搜索中能够跳出局部搜索邻域。

6. 终止规则

第一类方法是给定一个最大的遗传代数 MAX-GEN，算法迭代代数在达到 MAX-GEN 时，停止计算，这是最简单的停止规则；第二类方法是给定问题的一个下界 LBD 的计算方法，当进化中达到要求的偏差度 ε 时，停止计算；第三类方法是基于评价算法规则，当由评价算法监控得到算法再进化已无法改进解的性能时，停止计算。

遗传算法进行全空间并行搜索，并将搜索重点集中于性能高的部分，能够提高效率且不易陷入局部最小。另外，算法具有固有的并行性，通过对种群的遗传处理可处理大量的模式，并且容易并行实现。

（四） 模拟退火算法

模拟退火算法（Simulated Annealing，SA）最早是由 Metropolia 在 1953 年提出，Kirkpatrick 于 1983 年成功地运用在组合优化问题中。SA 是局部搜索算法的一种扩展，它通过以一定的概率接受邻域中较差解的方法来实现跳出局部最优。

SA 的思想来自物理退火过程。在物理退火过程中，一个金属物体在加热至一定温度后，随着温度的下降，物体内部的分子逐渐停留在不同的状态，在温度最低时，分子重新以一定的结构排列，达到一个稳定状态。在这里，SA 接受较差解的概率类似于物理退火过程中的温度，初始解类似于较高能量的状态，该状态有可能降低到一个较低的能量状态，即全局最优解。典型的模拟退火算法的详细步骤如下：

步骤 1：给定初温 $t=t_0$，随机产生初始状态 $s=s_0$，令 $k=0$。

步骤 2：判断是否满足算法终止准则。若不满足，转下一步，否则转步骤 7。

步骤 3：判断是否满足 Metropolis 抽样稳定准则。若满足，转下一步；否则转步骤 5。

步骤 4：根据退温函数降温。$t_{k+1} = update\ (t_k)$，$k = k+1$，转步骤 2。

步骤 5：按照新状态产生函数产生新状态 $s' = Generate\ (s)$。

步骤 6：根据新状态接受函数判断是否接受新状态。如果接受，令 $s = s'$；否则保持 s 不变，转步骤 3。

步骤 7：输出最终结果。

从算法结构可以看出，新状态产生和接受函数、退温函数、抽样稳定准则和算法终止准则以及初始温度是直接影响算法优化结果的主要环节，下面分别从这几个方面进行分析：

1. 初始温度的设定

实验表明，初温越大获得高质量解的概率就越大，但花费的计算时间将增加，因此设置初温时应综合考虑优化质量和优化效率。通常采用以下三种方式设置初温：一是均匀抽样一组状态，以各状态目标值的方差为初值；二是随机产生一组状态，确定两两状态间的最大目标值差，然后依据差值，利用一定的关系函数确定初温；三是利用经验公式给出。

2. 终止准则

模拟退火算法中一般采用的终止准则为：一是设置终止温度的阈值；二是设置循环迭代次数；三是算法搜索到的最优值连续若干步保持不变。

3. 抽样稳定准则

Metropolis 等（1953）抽样稳定准则用于确定在各温度下产生候选解的数目。常用的准则包括检验目标函数的均值是否稳定、连续若干步的目标值变化较小、按一定步数抽样。

4. 退温函数

退温函数体现温度的下降方式，用于修改温度值。

在非时齐算法中退温函数可采用：$t_k = \alpha / \log(k + k_0)$。

快速算法可采用：$t_k = \beta / (k+1)$。在这种情况下，可以保证温度的下降速度更快。

在时齐算法中，要求温度最终趋于零，但对温度的下降速度没有任何限制，而这并不意味着可以使温度下降很快。目前，最常用的退温函数为 $t_{k+1} = \lambda t_k$，其中，$0 \leqslant \lambda \leqslant 1$ 且其大小可以不断变化。

5. 状态产生和接受函数

设计状态产生函数时应该尽可能地保证产生的候选解遍布全部解空间。函数通常包括产生候选解的方式和候选解产生的概率分布。产生方式由问题的性质决定，通常在当前状态的邻域结构内以一定的概率方式产生。

状态接受函数一般以概率的方式给出，不同接受函数的差别主要在于接受概率的形式不同。设计状态接受概率应遵循以下原则：

（1）在固定温度下，接受使目标函数值下降的候选解的概率要大于使目标函数值上升的候选解的概率。

（2）随温度的下降，接受使目标函数值上升的解的概率要逐渐减小。

（3）当温度趋于零时，只能接受目标函数值下降的解。通常采用的接受函数的形式为：

$\min\{1, \exp[-C(s') - C(s)]/t_k\}$

SA 算法的实验性能具有质量高、初值鲁棒性强、通用易实现的优点。但是，为寻到最优解，算法通常要求较高的初温、较慢的降温速度、较低的终止温度以及各温度下足够多次的抽样，从而导致优化过程较长，使实现全局收敛的时间性能很差，这也是 SA 算法最大的缺点。因此，虽然 SA

算法具有通用性强、易于实现等优点，但要真正运用时必须克服计算时间长、效率较低等缺点，这尚需进行大量的工作。

（五） 禁忌搜索算法

禁忌搜索算法（Tabu Search，TS）是 Glover 等在 1977 年首次提出的，进而形成了一套完整的算法。禁忌搜索是对局部邻域搜索的一种扩展，是一种全局逐步寻优算法，是对人类智力过程的一种模拟。禁忌搜索算法通过引入一个灵活的存储结构和相应的禁忌准则来避免迂回搜索，并通过藐视准则来赦免一些被禁忌的优良状态，进行保证多样化的有效搜索以最终实现全局优化。Gendreau（1990）最先将该方法应用于求解车辆调度问题。

TS 的特点是采用了禁忌技术。所谓禁忌就是禁止重复前面的工作，为了回避局部邻域搜索陷入局部最优的主要不足，TS 用一个禁忌表记录已经到达过的局部最优点。在下一次的搜索中，利用禁忌表中的信息不再搜索这些点或有选择地搜索这些点，以此来跳出局部最优点。典型的禁忌搜索算法的步骤如下：

步骤1：在 S 中选择初始解 i，令 $i^*=i$ 且 $k=0$。

步骤2：令 $k=k+1$，选取 $N(i, k)$ 的一个子集 V^* 满足，至少违反一个禁忌条件：

$t_r(i, m) \in T_r(r=1, \cdots, t)$

或者至少达到一个特赦水平：

$a_r(i, m) \in A_r(i, m)(r=1, \cdots, a)$

步骤3：在 V^* 中寻找最好的解 j（根据目标函数 f 和修正的目标函数 $\tilde{f}$）并令 $i=j$。

步骤4：如果 $f(i)<f(i^*)$，令 $i^*=i$。

步骤5：更新禁忌表和特赦条件。

步骤6：如果满足终止条件，停止搜索；否则转到步骤2。

禁忌搜索算法设计的主要内容包括禁忌对象、候选集合的构成、初始点的选择、评价函数的构造、禁忌长度和停止策略等。下面分别从禁忌对象、禁忌长度、多禁忌表、候选集合的确定、终止规则等方面进行讨论。

1. 禁忌对象

顾名思义，禁忌对象指的是禁忌表中被禁的元素。禁忌对象选取的最直接想法是在禁忌表中保存整个解。采用这种方式需要消耗较大的存储空间，且在判断解的禁忌状态时比较复杂。更为重要的是，基于解禁忌的禁忌算法一旦陷入某个包含许多相似特点、差质量解的局部区域，就很难跳出局部最优。为了克服该缺点，可以在禁忌表中保存解中某些具有代表性的局部特征，由于某个局部特征可能在很多解中出现，因此当某个局部特征被禁忌时，许多包含该局部特征解都被禁忌，从而更有利于搜索过程转到其他更好的区域。

2. 禁忌长度

禁忌长度是被禁对象不允许被选取的迭代次数。禁忌长度可以是固定值，也可以是变化值。具有固定值的禁忌列表也被称为静态禁忌列表或短期内存结构（Short Term Memory）。一个静态禁忌列表总是包含最近的 t_{len} 个禁忌对象，t_{len} 代表禁忌列表的长度，要求对象 x 在 t_{len} 步迭代内被禁。当每次算法在当前解的基础上执行一个移动后，一个相应的禁忌对象将被添加到禁忌列表中，而最早的禁忌对象将从禁忌表中移出。

与静态禁忌列表相反，动态禁忌列表的禁忌长度可以是变化值。最常见的动态禁忌列表实现形式是 t_{len} 在 $[t_{min}, t_{max}]$ 内变化，变化依据禁忌对象的目标值和邻域结构。确定 t_{min} 和 t_{max} 的常用方法是根据问题的规模 T，限定变化区间 $[\alpha\sqrt{T}, \beta\sqrt{T}]$（$0<\alpha<\beta$），也可以用邻域中邻居的个数 n 确定

变化区间 $\left[\alpha\sqrt{T},\ \beta\sqrt{T}\right]$ $(0<\alpha<\beta)$。当给定了变化区间时，确定 t_{len} 的值主要是根据实际问题、试验和设计者的经验。例如，从直观来看，当函数值下降较大时，可能谷越深，欲跳出局部最优，希望被禁的长度较大。

3. 多禁忌表

采用禁忌列表，我们希望达到以下三个主要目的：一是从候选解中删除较差的解；二是引导搜索过程到新的、未搜索区域；三是避免循环对某个局部区域搜索。在禁忌列表实现中，可以根据问题的需要建立多个禁忌列表，从而增加算法的适应能力和提高算法的实现效率。

4. 候选集合的确定

候选集合由邻域中的邻居组成，最常规的方法是从邻域中选择若干个目标值或评价值最佳的邻居入选，有时认为这种计算量还是太大，则不在邻域的所有邻居中选择，而只在邻域的一部分邻居中选择。部分邻居的选择可以通过采用随机抽样的方法来实现。

5. 终止规则

无论如何，TS 是一个启发式算法，我们不可能让禁忌长度充分大，只希望在可接受的时间内给出一个满意解，于是很多直观、易于操作的原则包含在终止规则中。下面给出四种常用的终止规则：

（1）确定步数终止。给定一个充分大的数 N，总的迭代次数不超过 N 步。即使算法中包含了其他的终止规则，算法的总迭代次数仍然保证。这种方法的优点是易于操作和可控计算时间，但却无法保证解的效果。采用这种规则时，应当记录当前最优解。

（2）频率控制原则。当某一个解、目标值或元素序列的出现频率超过一个给定的标准时，如果算法不做改进，只会造成频率的增加，此时的循环对解的改进已无作用，因此终止计算。

（3）目标值变化控制原则。在 TS 算法中，记忆当前最优解，如果在给定的步数内，目标值还没有改进，同第二种相同，如果算法不做改进，解将不会改进。此时，停止计算。

（4）目标值偏离程度原则。对一些问题可以简单地计算出它们的下界（上界），记一个问题的下界为 z_{lb}，目标值为 $f(s)$，对给定的充分小正数 c，当 $f(s) - z_{lb} \leq c$ 时，终止计算，这表示当前解与最优解的差距很小。

禁忌搜索算法具有局部邻域搜索算法的优点，计算的复杂度比较低。由于它通过随机初始化和邻域搜索的方法逐步寻优，因此能够克服搜索空间指数增长的问题，适用于 NP-hard 问题的求解。同时，采取禁忌规则克服了局部搜索算法易于陷入局部最优点的缺陷，是求解组合优化问题为数不多的有效算法之一。

当然，还有很多其他的算法，如神经网络算法、蚁群算法等；还有一些算法的结合，如最短路算法与启发式算法的结合等。但是，所有的算法都有一定的适用范围，目前还找不到对任何问题都适用的算法。

第三章

应急物流配送动态
取货车辆调度

本章研究了应急物流配送动态取货车辆调度问题。第一节对应急物流配送动态取货车辆调度问题进行描述，界定了本章的研究内容，并对用户做出了划分。第二节对动态取货车辆调度问题进行数学描述，建立了相应的问题求解数学模型。基于不同的求解策略，第三节给出了两种求解算法：实时插入算法和滚动时域两阶段算法。第四节给出了两种算法的计算结果并进行分析。

第一节　应急物流配送动态取货车辆调度问题

一、问题描述

在服务周期内，服务区域内不断出现新的用户。新用户的位置是不确定的，并且每个新用户任务都具有一定的时间窗口，要求在相应的时间窗口内完成服务。当达到新的用户请求时，就要根据当前的车辆状态及位置信息，对已有的车辆调度方案进行调整。图 3.1 为出现新任务后的动态车辆调度过程。

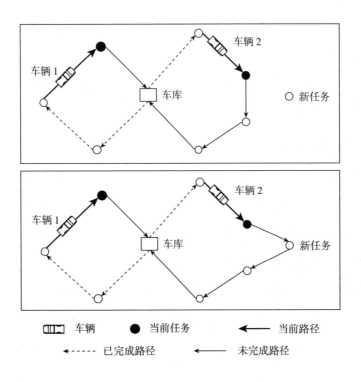

图 3.1   出现新任务后的动态车辆调度过程

二、问题的界定

本章研究应急物流配送中动态车辆调度问题中的带时间窗口限制的动态取货车辆调度问题。该问题是在现代物流配送系统和车辆运输管理方面具有广泛应用的 NP-hard 组合优化问题。在动态取货车辆调度问题中，新用户的信息不是提前可知的，而是随着时间的推移动态地到达，所有的任务都具有一定的服务时间窗口。为了便于研究，对动态取货车辆调度问题做以下假设：

第一，所有车辆都安装了全球定位系统（GPS）及无线通信设备。车辆调度系统通过 GPS 定位技术和无线通信技术，可以实时获取所有车辆的信息（如车辆的位置信息），并向车辆传递新的调度方案，实现对所有车辆的实时控制。

第二，不确定信息只包括新任务的到达。随着服务时间的推进，新任务不断出现。在新任务出现之前，对位置和时间窗口信息等属性一无所知，只有当新用户请求到达调度中心后，调度中心才能获知新任务的基本信息。

第三，车辆驾驶员在服务完一个用户之后，必须和车辆调度中心联系以确定它的下一个服务的用户；车辆在服务完所有分配的用户后，如果没有出现新分配的用户，那么车辆就在原地等待直到分配到新的用户，或者等到工作时间结束后返回车库。

第四，根据当前调度方案，车辆到达下一个任务需要等待时，要求车辆在当前任务处等待，这样可以增加车辆服务其他任务的可能性。车辆一旦开始服务某用户后，不允许偏离它的当前目的地，即正在服务的用户的取货点。

第五，车辆以固定的速度行驶，不考虑由于堵车或者事故引起的行驶时间的变化。由于现代信息技术的支持，调度中心也可以对这些实时信息进行协调。这将在下一章进行研究。

三、时间窗口

时间窗口约束表示执行任务的时间要求。在本章中，设定所有任务都具有硬时间窗口约束。

硬时间窗口约束表示车辆必须在给定的时间区间内完成任务，即这个时间窗口约束在任何情况下都不能违背。图 3.2 给出了一个硬时间窗口约束的例子。定义执行任务的惩罚函数 $P(t)$，当服务任务的时间超出时间段 $[\tau^-, \tau^+]$ 时，赋予一个非常大的惩罚值 M。当服务时间位于时间段 $[\tau^-, \tau^+]$ 时，惩罚函数 $P(t)$ 值则为 0。Desrocher 等（1988）指出，硬时间窗口的宽度会影响寻优程序，并提出了时间窗口宽度的评价指标。

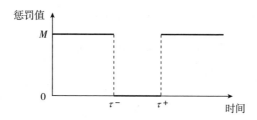

图 3.2　硬时间窗口约束结构

　　时间窗口的宽度对系统服务新任务的能力具有很大的影响。与具有窄时间窗的任务相比，车辆在执行一个具有较宽时间窗口的任务时有更大的灵活性。当车辆的服务队列中任务时间窗口的平均宽度增加时，车辆就有更多的可选时间点来执行这些任务，可以制订出更加合理的车辆路径调度方案。因此，当不知道新任务到达密度的情况下，随着任务的时间窗口平均宽度的增加，系统接受新任务的能力也随之增加。

　　此外，在车辆调度问题中，时间窗口的大小对决策的制定也有很大的影响。例如，当接受的新任务的时间窗口很窄，即最迟取货时间和到达时间非常接近时，就不能把这个任务长时间地搁置在任务队列中。当该任务提出服务请求时，就需要立即把该任务分配给一辆可用车辆（当前可用或者短时间内可用，并且非常接近该任务的取货点），从而满足该任务的时间窗口约束。在这种情况下，由所有车辆和接受的但是还没有执行的任务组成的静态问题可以构成一个纯粹的分配问题。在这种问题中，可用车辆的数量要大于或者等于任务的数量，并且每辆车最多只能分配给一个任务。这类问题就不再是 NP-hard 问题。在极端情况下，采用先到先服务（First Come First Served，FCFS）策略和贪婪分配策略（一个任务分配给离其取货点距离最近的一辆可用车辆）的组合就可以很容易地得到可行的调度方案。

相反地，宽的时间窗口给了更多的机会来构建一个成本更小的调度路径。在任务具有较宽时间窗口的情况下，可以将一个任务分配给一个当前不可用，但具有最小执行成本的车辆，先把该任务放入该车辆的服务队列中，在某个合理的时间再执行该任务。另外，已经处于某辆车的任务队列中的某个任务在被收取之前，可以重新分配给其他的车辆，并且每辆车的任务执行次序也可以进行重新排列，以得到更加低廉的服务成本。

四、用户的划分

不同于静态车辆调度问题，动态车辆调度问题中包含多种用户类型。Seguin 等（1997）划分的方法是：在每个决策点，将所有的用户划分为已服务过的用户及未服务的用户两类。Savelsbergh（1988）又将未服务的用户划分为两类：已永久指派的用户及尚未确定指派的用户。

借鉴上面的划分方法，在每个决策点，本书将所有的任务划分为三种：已完成服务的任务、确定指派的任务及未确定指派的任务，如图 3.3 所示。已完成服务的任务在后续时刻将不再考虑。确定指派的任务表示车辆正在前往取货点行驶途中或者正位于取货点的任务。确定指派任务的执行方案不再更改，直到完成该任务。在制订新的调度方案时，车辆的位置要更新为确定指派任务取货点的位置。未确定指派的任务指的是已到达的但还未开始执行的任务。

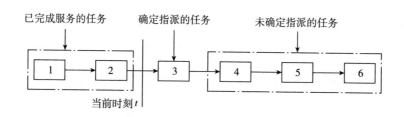

图 3.3 任务分类

第二节 问题求解的数学模型

由前面的分析可知，应急物流配送中动态取货车辆调度问题类似于带时间窗口的车辆路径问题，只是本章考虑的任务是实时到达的，而不是提前预知的，这就需要根据新任务的信息不断调整车辆调度方案。下面给出了每个决策点问题求解的数学模型，决策点定义为每个决策时段的开始时刻。

一、数学描述

定义任务 i 的时间窗口为 $[\tau_i^-, \tau_i^+]$，其中 τ_i^- 和 τ_i^+ 分别表示任务 i 的最早和最迟取货时间。定义车库为节点 0，所有节点的集合定义为 N。定义决策点 t 时刻所有确定指派节点的集合为 CR，所有未确定指派节点集合为 U。

当前决策时刻可用车辆集合为 K。定义车辆 k 从车库出发的时间为 t_{0k}^{LEV}，车辆 k 返回车库的时间为 t_{k0}^{ARV}。定义车库的时间窗口为 $[\tau_0^-, \tau_0^+]$，即车辆从车库出发的时间要晚于 τ_0^- 时刻，但是必须在 τ_0^+ 时刻之前返回车库。对于节

点 i，车辆到达该节点的时间为 t_i^{ARV}，车辆离开该节点的时间为 t_i^{LEV}，车辆在节点 i 的服务时长为 S_i。车辆 k 完成其任务队列中的所有任务后返回车库。

对于调度方案中的路段 $i{\rightarrow}j$，定义 c_{ij}^k 为车辆从节点 i 行驶到节点 j 的行驶时间。定义一个决策变量 x_{ij}^k，当车辆 k 从节点 i 驶往节点 j 时，x_{ij}^k 取值为 1；反之，x_{ij}^k 取值为 0。问题求解的目标是最小化完成所有任务的总行驶时间。

二、数学模型

在决策时刻 t，问题求解的数学模型为：

$$\min Z = \sum_{i \in \{0\} \cup CR \cup U} \sum_{j \in \{0\} \cup U} \sum_{k \in K} c_{ij}^k x_{ij}^k \tag{3.1}$$

s. t.

$$\sum_{j \in \{0\} \cup U} \sum_{k \in K} x_{ij}^k = 1, \ i \in CR \cup U \tag{3.2}$$

$$\sum_{i \in CR \cup U} \sum_{k \in K} x_{ij}^k = 1, \ j \in U \tag{3.3}$$

$$\sum_{i \in \{0\} \cup CR \cup U} x_{ip}^k - \sum_{j \in \{0\} \cup U} x_{pj}^k = 0, \ p \in U, \ k \in K \tag{3.4}$$

$$x_{ij}^k \in \{0, 1\}, \ i \in \{0\} \cup CR \cup U, \ j \in \{0\} \cup U, \ k \in K \tag{3.5}$$

$$\tau_i^- \leqslant t_i^{ARV} \leqslant \tau_i^+, \ i \in U \tag{3.6}$$

$$t_i^{ARV} + S_i \leqslant t_i^{LEV}, \ i \in CR \cup U \tag{3.7}$$

$$t_i^{LEV} - t \geqslant 0, \ i \in CR \tag{3.8}$$

$$t_{k0}^{ARV} \leqslant \tau_0^+, \ k \in K \tag{3.9}$$

$$t_{0k}^{LEV} - t + (1 - x_{0j}^k) M \geqslant 0, \ j \in U, \ k \in K \tag{3.10}$$

$$t_i^{LEV} + c_{ij}^k - t_j^{ARV} + [1 - x_{ij}^k] M \geqslant 0, \ i \in CR \cup U, \ j \in U, \ k \in K \tag{3.11}$$

$$t_i^{LEV} + c_{ij}^k - t_j^{ARV} - [1 - x_{ij}^k] M \leqslant 0, \ i \in CR \cup U, \ j \in U, \ k \in K \tag{3.12}$$

$$t_{0k}^{LEV}+c_{0j}^{k}-t_{j}^{ARV}+\left[1-x_{0j}^{k}\right]M\geqslant 0, \ j\in U, \ k\in K \tag{3.13}$$

$$t_{0k}^{LEV}+c_{0j}^{k}-t_{j}^{ARV}-\left[1-x_{0j}^{k}\right]M\leqslant 0, \ j\in U, \ k\in K \tag{3.14}$$

$$t_{i}^{LEV}+c_{i0}^{k}-t_{k0}^{ARV}+\left[1-x_{i0}^{k}\right]M\geqslant 0, \ i\in CR\cup U, \ k\in K \tag{3.15}$$

$$t_{i}^{LEV}+c_{i0}^{k}-t_{k0}^{ARV}-\left[1-x_{i0}^{k}\right]M\leqslant 0, \ i\in CR\cup U, \ k\in K \tag{3.16}$$

数学模型中的式（3.1）给出了问题求解的目标函数：最小化车辆完成所有任务的总行驶时间。

约束条件（3.2）表示离开每个确定指派节点或者未服务节点的车辆只能有一辆并且只有一次；约束条件（3.3）表示只能有一辆车到达一个未服务节点，并且只有一次；约束条件（3.4）表示，对于每个未服务的节点 p，到达的车辆必须最终离开该节点；约束条件（3.5）指定 x_{ij}^{k} 为 0、1 整数值。当车辆 k 从节点 i 出发前往节点 j 时，x_{ij}^{k} 取值为 1；否则，取值为 0。

约束条件（3.6）表示所有任务的执行时间必须满足硬时间窗口约束，即车辆到达任务取货点的时间要落在任务允许的时间窗口内。约束条件（3.7）表示对于确定指派节点或者未服务节点 i 来说，车辆的离开时间 t_{i}^{LEV}，必须大于完成任务 i 的时间 $t_{i}^{ARV}+S_{i}$。约束条件（3.8）表示车辆从确定指派节点离开的时间要大于当前时间；约束条件（3.9）表示车辆必须在规定的时间内返回车库；约束条件（3.10）表示车辆从车库出发去执行未完成服务的时间要大于当前时间。

约束条件（3.11）和约束条件（3.12）表示当车辆 k 完成任务 i 去执行任务 j 时，车辆到达任务 j 的时间等于车辆离开任务 i 的时间加上车辆从任务 i 到任务 j 的行驶时间；约束条件（3.13）和约束条件（3.14）表示当车辆从车库出发去执行未完成任务 j 时，车辆到达任务 j 的时间等于车辆离开车库的时间加上车辆从车库到任务 j 的行驶时间；约束条件（3.15）和约束条件（3.16）表示车辆完成所有任务返回车库时，车辆到达车库的时间等于车辆从任务节点出发的时间加上车辆从任务节点到车库的行驶时间。

第三节 求解算法

对于应急物流配送中动态取货车辆调度问题来说，一个很直观的动态启发式算法是不断求解系统状态发生变化时的静态问题。由于动态取货车辆调度问题的动态特性，每个决策时刻点静态问题的求解必须在尽可能短的时间内完成，这就要求求解算法能够在较短的时间内得到尽可能好的解。

一、实时插入算法

由于任务的实时到达特性，需要对任务作出及时的处理。插入启发式算法被证明是一种求解带时间窗口的车辆路径问题非常有效的算法。因此，本章首先采用实时插入算法对问题进行求解。

具体的求解思路是：当到达一个新的任务时，判断所有车辆插入新任务的可能性，找到一个附加成本最小的位置，将新任务插入该位置，并更新所有受影响车辆及任务的状态。详细的求解步骤如下：

步骤 1：当到达一个新任务 i 时，获取当前状态下所有车辆及未确定指派任务的状态及特性。

步骤 2：对于所有任务队列非空的车辆 k：

步骤 2.1：在满足时间窗口约束的条件下，计算任务 i 插入车辆 k 当前路径中所有可能位置的插入成本；

步骤 2.2：记录任务 i 插入车辆 k 当前路径的最小插入成本及相应的位置。

步骤3：对于任务队列为空的车辆，在满足时间窗口约束的条件下，计算执行任务i的成本。

步骤4：将任务i插入具有最小附加插入成本的路径中。

步骤5：更新受影响节点的状态及属性。

步骤6：输出当前的车辆路径方案。

二、滚动时域两阶段算法

在任务的到达时刻，实时插入算法就将其插入车辆调度方案中。但是，由于任务提前到达的时间不一样，如果某些任务的期望取货时间距离当前时刻相当远，那么暂缓插入这些任务，在随后的时间就可以插入一些时间比较紧急的任务，这样就可以得到性能更优的车辆路径与调度方案。

同时，插入启发式算法构造的车辆调度方案也可以通过其他的算法进行改进，如禁忌搜索算法，因此提出了一个滚动时域的两阶段求解策略（见图3.4）。

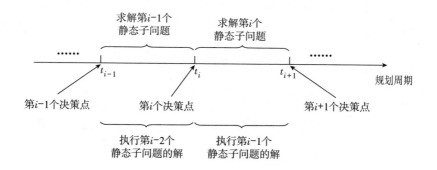

图3.4 滚动时域求解过程

滚动时域的两阶段求解策略的基本思想是：将整个服务时间区间 $[0, H]$ 划分为 L 个时间段，定义每个时间段的决策时刻为 t_i。在每个决策时刻

t_i，求解所有的当前已知信息构成的静态车辆调度问题。提出了一种两阶段求解算法：首先采用插入启发式算法构造初始方案，其次采用禁忌搜索算法对得到的方案进行改进。

滚动时域两阶段求解策略的详细步骤如下：

步骤1：设定滚动时域的时间段长度 Δ。

步骤2：当到达一个决策点 t_i 时：

步骤2.1：更新所有可用车辆的位置及状态；

步骤2.2：列出当前时刻未获得服务任务集合 P。

步骤3：选择满足条件的未服务任务集合 P'，$P' \subseteq P$。构造一个包含未服务任务集合 P' 和所有车辆的静态车辆调度问题。

步骤4：采用最邻近插入算法构造初始调度方案。

步骤5：采用禁忌搜索算法对方案进行改进。

步骤6：滚动时域 $t_{i+1} = t_i + \Delta$。

在该求解过程中，涉及三个主要的算法设计问题：一是决策点未服务任务集合的选择；二是基于插入算法的初始方案构造；三是基于禁忌搜索算法的方案优化。

（一）决策点未服务任务集合的选取

当前时刻点所有未服务任务集合为 P，满足条件的未服务任务集合为 P'。P' 中的任务数量越大，滚动时域调度算法每次滚动所求解的子问题规模越大，所得到的解就越接近全局最优解，但是计算时间也会急剧增大；P' 中的任务数量太小，求解的子问题规模就太小，且不利于产生令人满意的解。

一般来说，在选择未服务任务时有以下几种规则：①先到先服务；②最邻近的用户先服务；③时间最紧的用户先服务。

很明显，先到先服务规则没有考虑到用户之间的关系，一般情况下，

得到的求解结果比第二条规则和第三条规则下得到的结果差。最邻近用户
先服务规则考虑的是用户之间的地理关系，即距离因素，首先满足距离近
的用户。而时间最紧用户先服务规则考虑的是用户的时间窗口限制，避免
出现不能在规定的时间范围内服务该任务的可能性。

从上面的分析可以得出，距离当前用户距离越近的用户，时间窗口越
紧的用户，越应该优先得到服务，这样也有利于得到更好的解。因此，定
义了集合 P 中任务 i 的优先权 PRI_i：

$$PRI_i = \frac{1}{\alpha(\tau_i^+ - t_k) + \beta d_i} \tag{3.17}$$

其中，t_k 是当前决策时刻，τ_i^+ 是任务 i 的最迟取货时间，d_i 是任务 i 到
当前用户位置的距离。α 和 β 分别是时间因素和距离因素的优先权系数。

利用式（3.17）计算集合 P 中所有任务的优先权，并将任务按优先权
的大小进行排列。

（二）基于插入算法的初始方案构造

在构造初始方案时，根据未服务任务优先权的大小选择顺序，将任务
插入车辆任务队列中具有最小附加成本的位置。初始方案生成的最邻近插
入算法过程如图 3.5 所示。

（三）基于禁忌搜索算法的方案优化

如第二章所介绍，禁忌搜索算法的设计与所求解的问题密切相关。在
本章的问题中，每个决策点的局部静态问题即一个静态车辆调度问题，可
以采用与静态问题类似的求解算法进行求解，因此本章给出的禁忌搜索算
法与求解静态车辆调度问题的算法类似。

```
Procedure 插入算法构造初始方案
输入：未服务任务集合 P′，任务的优先权 PRI，当前车辆位
置，及各种约束条件
输出：可行调度方案 S
begin
    将集合 P′ 中的任务按照优先权的值从大到小排列
    do
        选择集合 P′ 中的第一个任务 i，即优先权最大的任务
        if 在半路上的车辆能够服务任务 i then
            找到最佳插入位置
            插入任务 i
        else
            从车库派遣一辆车执行该任务 i
        end if
        P′ = P′ /{i}
        更新受影响任务的时间参数
    while P′ ⊄ ∅
    输出生成的车辆调度方案
end
```

图 3.5 构造初始方案的插入算法

在禁忌搜索算法的设计过程中，主要涉及以下几个问题：

1. 禁忌长度

禁忌长度是禁忌搜索算法的一个关键参数，一般根据实际问题的不同而不同。禁忌长度过短会导致搜索过程出现循环，过长又会导致太多的禁忌，降低搜索的效率，其取值一般根据经验或实验确定。

2. 邻域

通过合理的参数设置，禁忌搜索算法可以跳出局部最优解，如果参数调整合适，禁忌搜索算法甚至可以找到全局最优解。禁忌搜索算法成功的关键是邻域结构的定义，邻域是禁忌搜索算法在解的改进过程中的搜索区域。

在本章研究的问题中，调度方案的优化主要包括单条路径内的优化及多

条路径间的优化。因此，本章采用两种交换方式构造当前解的邻域：Or-opt 交换算子和 2-opt* 交换算子。

（1）Or-opt 交换算子。Or-opt 交换算子是 Or 在 1976 年提出的一种以自己名字命名的邻域生成过程，其基本思想是将路线中的一个点，或者相邻的两个点或三个点作为一个整体改变其在一条路线或者多个路线中的位置。图 3.6 描述了单线路的位置替换。点 i 和点 $i+1$ 是路线中相邻的两点，在满足时间窗口约束及其他相关约束条件下，将其作为一个整体移动到点 j 后，删除三条边 $(i-1, i)$、$(i+1, i+2)$ 和 $(j, j+1)$，增加三条边 $(i-1, i+2)$、(j, i) 和 $(i+1, j+1)$，形成新的路线。通过交换，缩短了整个线路的长度。

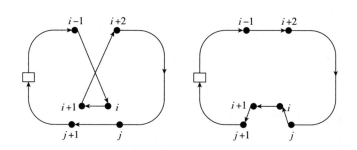

图 3.6 单路径 Or-opt 替换

（2）2-opt* 交换算子。该交换算子是多路径 2-opt 邻域的一个扩展。对于一条线路中的边 $(i, i+1)$ 和另一条线路中的边 $(j, j+1)$，在满足时间窗口约束及其他相关约束条件下，用两条新的边 $(i, j+1)$ 和 $(j, i+1)$ 替换。图 3.7 给出了两条路径 2-opt* 替换的示例。

图 3.7　两条路径 2-opt* 替换

3. 评价函数

对于单条路径 r 来说，当采用 Or-opt 和/或 2-opt* 交换策略后得到新的路径 r'。记路径 r 的代价为 $f(r)$，经过交换后的新路径 r' 的代价为 $f(r')$，那么禁忌搜索算法的评价函数取两条路径代价的差 Δc，即:

$$\Delta c = f(r') - f(r) \tag{3.18}$$

当对两条路径 r_1 和 r_2 进行 Or-opt 和/或 2-opt* 邻域交换后，记新得到的两条路径为 r'_1 和 r'_2。记原路径 r_1 和 r_2 的代价分别为 $f(r_1)$ 和 $f(r_2)$，经过交换后的新路径 r'_1 和 r'_2 的代价分别为 $f(r'_1)$ 和 $f(r'_2)$，那么禁忌搜索算法的评价函数为:

$$\Delta c = f(r'_1) + f(r'_2) - f(r_1) - f(r_1) \tag{3.19}$$

4. 禁忌列表

禁忌列表的目的是防止解震荡现象的发生。然而，我们并不能把所有已经走过的交换操作记录下来，在算法中采用的是最常用的固定长度禁忌列表，随着新的交换操作加入，老的交换操作被从禁忌表中删除，从而实现自动解锁。在这里，我们选用交换操作作为禁忌对象。对于车辆调度问题，交换可以看作两类有向边操作：增加边和删除边。例如，在不同路径上进行分配活动的邻域交换策略删除了两条边，又增加了两条边。本章采用两个禁忌列表来存储最近增加的边和删除的边。一个邻域交换是否被禁忌可采用以下规则来判断：计算所有增加的边在删除禁忌列表中的数目，计算所有删除的边在增加禁忌列表中的数目，如果两者之和大于等于一个与邻域交换策略相关的阈值，则认为该交换被禁忌，否则认为该交换操作为可行交换操作。另外，本书的禁忌搜索过程采用了通用的特赦准则，即只要能够得到优于当前最小解的解，即允许接受属于禁忌范围的交换操作。

5. 终止规则

禁忌搜索算法的终止条件一般有以下三种：一是迭代改进到一定次数；二是计算到了一定的时间；三是解未得到改进的次数达到给定值。

通常根据实际情况来选择算法的终止条件。在本章问题中，由于对算法的实时性要求较高，因此选择条件二作为首要的算法终止条件。

图 3.8 给出了整个禁忌搜索算法的流程，其中，基于 Or-opt 邻域的禁忌搜索和基于 2-opt* 邻域的禁忌搜索过程如图 3.9 和图 3.10 所示。

```
Procedure  禁忌搜索算法过程
输入：初始解 S′
输出：最优解 S*
begin
    S = S′ //将初始解赋给当前解
    S* = S   //将当前解赋给最优解
    while 计算时间未到一定时间 do
        基于 Or-opt 邻域的禁忌搜索
        基于 2-opt* 邻域的禁忌搜索
    end while
    输出最优解 S*
end
```

图 3.8　禁忌搜索算法

```
Procedure  基于 Or-opt 邻域的禁忌搜索
S ← 当前最好解
while 未满足终止条件 do
    采用 Or-opt 交换生成当前解 S 的邻域
    从邻域中选择最好的移动 m
    if  该移动 m 不在禁忌列表中 then
        根据该移动生成新的解 S"
        更新禁忌表，将当前移动加入到禁忌表中。
        if 当前解 S" 优于当前最好解 S* then
            S* = S"
        end if
    end if
end while
```

图 3.9   基于 Or-opt 邻域的禁忌搜索

```
Procedure  基于 2-opt* 邻域的禁忌搜索
S ← 当前最好解
while 未满足终止条件 do
    采用 2-opt* 交换生成当前解 S 的邻域
    从邻域中选择最好的移动 m
    if  该移动 m 不在禁忌列表中 then
        根据该移动生成新的解 S"
        更新禁忌表，将当前移动加入到禁忌表中。
        if 当前解 S" 优于当前最好解 S* then
            S* = S"
        end if
    end if
end while
```

图 3.10   基于 2-opt* 邻域的禁忌搜索

第四节　计算实例分析

针对不同的问题实例，计算了不同算法及策略下动态问题总的目标函数，即总行驶时间，来验证本书构建的模型及提出的算法的有效性。

一、测试实例

基于 Solomon 的基准实例集，生成了本章的测试实例。在 Solomon 的测试实例集中，100 个用户分布于 100×100 单位的平面区域内。区域内两个点间的行驶时间等于其相应的欧氏距离。

根据用户的位置分布情况，将测试实例分为三大类：均匀分布的 R 类、聚类分布的 C 类和混合分布的 RC 类。每一大类中又分别包含两小类，构成了 6 类测试实例集：R1、R2、C1、C2、RC1 和 RC2。每一类测试实例集中又包含了 8~12 个测试实例。这 6 类测试实例集的区别在于不同的用户的分布位置、每个用户的服务时间以及相应的时间窗口宽度。

（1）在每一个测试实例中，车库具有一个时间窗口 [0，L]，在这个时间范围内，车辆从车库出发完成所有已分配的任务并最终返回车库。在测试实例集 R1、C1 和 RC1 中，车库的时间窗口比较窄，因此每条路径中仅仅能服务较少的用户；在测试实例集 R2、C2 和 RC2 中，车库具有较宽的时间窗口，这样每条路径中能够服务较多的用户。

（2）在测试实例集 R1、R2、RC1 和 RC2 中，测试实例中每个任务的服务时间为 10 个时间单位；在测试实例集 C1 和 C2 中，测试实例中每个任务的服务时间为 90 个时间单位。

（3）在测试实例集 R1 和 R2 中，用户的位置服从均匀分布；在测试实例集 C1 和 C2 中，用户的位置服从聚类分布；在测试实例集 RC1 和 RC2 中，用户的位置满足均匀分布和聚类分布的混合分布。

根据 Solomon 的测试实例集，生成了验证本章算法性能的测试实例。对于每一个 Solomon 测试实例，基于下面的设定方案，生成了 20 个不同的测试实例样本，以保证这些实例中所有任务都能在其时间窗口内得到服务。

（1）生成的测试实例中的每一个任务对应于 Solomon 测试实例中的一个任务，两者具有相同的位置。这样，生成的测试实例中也包含 100 个任务，任务节点间的距离矩阵与 Solomon 基准测试集中的一致。

（2）生成的测试实例集 R1、C1 和 RC1 的服务时间长度 H 设置为 1200 秒，生成的测试实例集 R2、C2 和 RC2 的服务时间长度设置为 2400 秒。

（3）由于基准测试实例中车库的时间窗口 $[0, L]$ 对应于本书生成的测试实例中的规划周期 $[0, H]$，为了保持一致性，基准测试实例中所有与时间有关的数据都要乘以系数 H/L，即对于 Solomon 基准测试实例中任务 i 的时间窗口 $[a_i, b_i]$，本书生成的测试实例中对应任务 i 的时间窗口为：

$$[\tau_i^-, \tau_i^+] = [a_i H/L, b_i H/L] \tag{3.20}$$

同样，对于 Solomon 基准测试实例中任务 i 的服务时间 st_i，任务 i 和任务 j 之间的行驶时间为 t_{ij}，在本书生成的测试实例中对应的值分别为：

$$S_i = st_i \times H/L \tag{3.21}$$

$$c_{ij} = t_{ij} \times H/L \tag{3.22}$$

这样保证了 Solomon 测试实例中问题的可行解同样也是对应的动态问题的可行解。

（4）在所有测试实例中，任务集分为两个子集。第一类子集中包含在规划时间段之前到达的任务，即静态任务。这些任务从整个任务集中随机选择，不过在选择的过程中偏向于选择具有较早时间窗口的任务。第二类子集中包含实时到达的任务，即动态任务。

对于动态任务 i 来说，其提前到达时间 at_i 均匀分布于下式的时间段内：

$$\left[\frac{1}{2}\min\left(\frac{a_iH}{L},\ \frac{a_iH}{L}-t_{0i}-\Delta\right),\ \min\left(\frac{a_iH}{L},\ \frac{a_iH}{L}-t_{0i}-\Delta\right)\right] \tag{3.23}$$

即

$$\left[\frac{1}{2}\min(\tau_i^-,\ \tau_i^--t_{0i}-\Delta),\ \min(\tau_i^-,\ \tau_i^--t_{0i}-\Delta)\right] \tag{3.24}$$

其中，τ_i^- 为任务 i 的最早取货时间，t_{0i} 为车辆从车库到该任务点的行驶时间，Δ 为滚动时域长度。

为了验证不同动态度情况下本书求解算法的性能，这里设计了以下两种情形：

情形 1：在规划时间段开始之前到达的任务数为 50，即有 50% 的任务是静态任务，50% 的任务为动态任务。

情形 2：在规划时间段开始之前到达的任务数为 25，即有 25% 的任务是静态任务，75% 的任务为动态任务。

二、计算结果及分析

（一）不同 Δ 值下两阶段算法的性能

滚动时域长度 Δ 决定了两阶段算法的求解时间。如果参数 Δ 的值太小，给定的求解时间就很短，难以得到一个局部最优解；如果参数 Δ 的取值太大，又进行了太长时间的优化，就可能错过一些实时信息所能带来的解的改进。为了找到一个合适的 Δ 值，本书采用两阶段算法对情形 1 中的实例进行了测试，对每一类实例，都选择了两个测试实例。测试结果如表 3.1 和

表 3.2 所示，Δ 值的单位为秒。

从表 3.1 和表 3.2 可以看出，对于 R1、C1 和 RC1 类测试实例，合理的 Δ 值为 30 秒，即滚动时域的长度为 30 秒；对于 R2、C2 和 RC2 类测试实例，合理的 Δ 值为 60 秒。在随后的测试实例中，1 类测试实例的 Δ 值取 30 秒，2 类测试实例的 Δ 值取 60 秒。

表 3.1　R1、C1 和 RC1 类测试实例中不同 Δ 值下的总行驶时间

单位：秒

测试实例	Δ = 10	Δ = 20	Δ = 30	Δ = 40
R101	1732.18	1713.25	1692.53	1709.41
R102	1564.37	1541.53	1524.26	1540.17
C101	867.20	855.93	846.72	861.26
C102	1036.71	1015.23	994.15	1012.45
RC101	1772.66	1752.19	1738.43	1753.44
RC102	1632.54	1601.10	1586.57	1610.23

表 3.2　R2、C2 和 RC2 类测试实例中不同 Δ 值下的总行驶时间

单位：秒

测试实例	Δ = 20	Δ = 40	Δ = 60	Δ = 80
R201	1415.12	1397.13	1384.56	1404.21
R202	1353.92	1335.26	1326.24	1341.28
C201	697.23	682.45	651.25	667.43
C202	813.20	799.63	784.18	804.13
RC201	1641.26	1630.25	1597.28	1617.22
RC202	1461.95	1452.56	1432.13	1466.15

（二）两种情形下算法结果的对比

在得到合理的 Δ 值后，表 3.3 和表 3.4 分别给出了两种情形下 6 类测试

实例的计算结果。表 3.3 给出了 R1、C1 和 RC1 测试实例在两种情形下的计算结果。表 3.4 给出了 R2、C2 和 RC2 测试实例在两种情形下的计算结果。第一栏给出了测试实例的名称：12 个 R1 测试实例、9 个 C1 测试实例、8 个 RC1 测试实例、11 个 R2 测试实例、8 个 C2 测试实例和 8 个 RC2 测试实例。两个表中的 IMI 表示实时插入算法，RHTP 表示滚动时域两阶段算法。其中，GAP 表示实时插入算法 IMI 计算结果与滚动时域两阶段算法 RHTP 的差距百分比。

表 3.3　R1、C1 和 RC1 类测试实例的总行驶时间　　　　单位：秒

测试实例	情形 1			情形 2		
	IMI	RHTP	GAP（%）	IMI	RHTP	GAP（%）
R101	1752.34	1692.53	3.53	1791.78	1714.67	4.50
R102	1585.87	1524.26	4.04	1676.34	1578.93	6.17
R103	1456.46	1365.65	6.65	1499.38	1407.78	6.51
R104	1248.53	1184.28	5.43	1298.87	1202.69	8.00
R105	1546.84	1475.18	4.86	1634.98	1507.23	8.48
R106	1495.69	1391.54	7.48	1597.76	1445.63	10.52
R107	1384.71	1284.26	7.82	1445.67	1332.76	8.47
R108	1185.45	1124.95	5.38	1240.19	1159.83	6.93
R109	1467.43	1364.57	7.54	1554.36	1394.23	11.49
R110	1408.77	1302.55	8.15	1489.93	1374.67	8.38
R111	1357.46	1263.16	7.47	1454.35	1316.98	10.43
R112	1254.78	1201.13	4.47	1348.67	1267.54	6.40
C101	876.46	846.72	3.51	912.56	868.74	5.04
C102	1102.48	994.15	10.90	1263.28	1064.34	18.69
C103	1174.58	1073.57	9.41	1313.67	1117.96	17.51
C104	1124.23	1024.23	9.76	1296.86	1148.72	12.90
C105	914.12	856.28	6.75	943.67	884.52	6.69
C106	1113.61	1027.24	8.41	1174.54	1053.19	11.52

续表

测试实例	情形 1			情形 2		
	IMI	RHTP	GAP（%）	IMI	RHTP	GAP（%）
C107	975.18	894.28	9.05	1070.2	954.81	12.09
C108	1111.35	996.94	11.48	1398.92	1230.94	13.65
C109	1108.76	1018.17	8.90	1414.63	1243.47	13.76
RC101	1785.46	1738.43	2.71	1929.53	1822.02	5.90
RC102	1635.37	1586.57	3.08	1734.27	1662.14	4.34
RC103	1548.27	1478.23	4.74	1623.21	1537.16	5.60
RC104	1452.13	1385.42	4.82	1557.28	1423.72	9.38
RC105	1904.27	1824.29	4.38	1997.26	1888.93	5.73
RC106	1625.43	1574.28	3.25	1699.08	1642.01	3.48
RC107	1476.09	1442.39	2.34	1619.27	1569.19	3.19
RC108	1417.25	1365.64	3.78	1565.46	1489.92	5.07

表 3.4 R2、C2 和 RC2 类测试实例的总行驶时间 单位：秒

测试实例	情形 1			情形 2		
	IMI	RHTP	GAP（%）	IMI	RHTP	GAP（%）
R201	1453.18	1384.56	4.96	1593.23	1504.37	5.91
R202	1395.48	1326.24	5.22	1465.48	1366.56	7.24
R203	1275.46	1208.91	5.50	1335.46	1243.58	7.39
R204	1148.13	1054.27	8.90	1238.45	1124.29	10.15
R205	1268.27	1216.95	4.22	1398.45	1306.37	7.05
R206	1152.31	1032.58	11.60	1253.23	1127.84	11.12
R207	1146.28	1045.24	9.67	1235.34	1118.17	10.48
R208	983.17	916.21	7.31	1073.17	986.21	8.82
R209	1194.26	1102.5	8.32	1353.74	1202.54	12.57
R210	1217.19	1120.47	8.63	1293.38	1190.75	8.62
R211	1024.16	915.29	11.89	1123.79	1009.85	11.28
C201	714.28	651.25	9.68	737.39	659.62	11.79

续表

测试实例	情形 1			情形 2		
	IMI	RHTP	GAP（%）	IMI	RHTP	GAP（%）
C202	852.16	784.18	8.67	917.83	825.67	11.16
C203	935.57	826.17	13.24	1017.94	867.59	17.33
C204	1086.43	952.19	14.10	1213.25	1002.31	21.05
C205	699.27	604.13	15.75	739.27	644.76	14.66
C206	717.14	627.58	14.27	748.46	674.83	10.91
C207	695.28	621.23	11.92	758.25	677.37	11.94
C208	694.19	634.59	9.39	773.56	674.73	14.65
RC201	1718.16	1557.28	10.33	1845.43	1623.91	13.64
RC202	1554.51	1432.13	8.55	1692.57	1475.33	14.72
RC203	1424.32	1342.14	6.12	1546.98	1415.24	9.31
RC204	1204.58	1132.47	6.37	1274.85	1152.65	10.60
RC205	1665.84	1561.29	6.70	1665.84	1461.29	14.00
RC206	1453.21	1375.25	5.67	1574.67	1424.07	10.58
RC207	1342.21	1258.51	6.65	1428.78	1314.56	8.69
RC208	1158.39	1104.63	4.87	1287.63	1205.55	6.81

从表 3.3 的结果中可以看出，在情形 1 和情形 2 下，滚动时域两阶段算法 RHTP 的计算结果都优于实时插入算法 IMI 的计算结果。在情形 1 中，RHTP 算法与 IMI 算法计算结果的最大差距达到了 11.48%。在情形 2 中，两种算法计算结果的最大差距达到了 18.69%。这些结果都表明，本章提出的滚动时域两阶段算法在求解动态问题时具有良好的性能。

类似于表 3.3 中的结果，在所有情形下，滚动时域两阶段算法 RHTP 都优于实时插入算法 IMI。在情形 1 中，RHTP 算法与 IMI 算法计算结果的最大差距达到了 15.75%。在情形 2 中，两种算法计算结果的最大差距达到了 21.05%。

对比表 3.3 和表 3.4 中可以看出，在 R2、C2 和 RC2 类测试实例中，本书提出的滚动时域两阶段算法 RHTP 与实时插入算法 IMI 的差距更大，这是因为在 R2、C2 和 RC2 类测试实例中，所有任务具有更宽的时间窗口，通过两阶段算法的优化能够得到更好的结果。

第四章

时变条件下应急物流配送
动态取货车辆调度

在第三章的基础上，本章进一步研究应急物流配送动态取货车辆调度问题中车辆行驶时长随时间不断变化的情况。第一节分析了车辆行驶时长随时间变化的成因及特点，对时变条件下的动态取货车辆调度问题进行了描述，界定了本章的研究内容；第二节给出了问题的数学描述，并建立了问题求解的数学模型；第三节详细分析了车辆离开每个任务节点的最佳时刻，给出了考虑车辆行驶时间变动情况的混合求解算法；第四节通过一组计算实例，对本章建立的模型及给出的算法进行了验证。

第一节　时变条件下应急物流配送动态
取货车辆调度问题

在实际的车辆调度过程中，除了实时到达新的任务外，仍存在很多的不确定性因素，如交通阻塞、突发事故、恶劣天气等，使车辆的行驶速度不断发生变化。如果不考虑实际的交通信息，构造的车辆行驶路线中很可能包含道路阻塞路段，这样车辆进入阻塞路段后就会浪费大量的时间，增加不必要的成本。同时，车辆在半路被堵塞后，很有可能就不能在用户要求的时间窗口内对用户提供服务，这也将影响对用户提供服务的质量。

车辆在行驶过程中，存在着一些经常性的交通阻塞。例如，某些城市路段，在上班前的一个小时或者下班后的一个小时内经常发生阻塞，这种交通阻塞可以称为周期性阻塞。对于这种阻塞，调度员根据历史数据可以预期车辆经过该路段的行驶时间，并将这些信息反映在构造的车辆路径上，得到较合理的车辆行驶路线。

同时，也存在一些不可预知的交通阻塞，即非周期性交通阻塞。这种交通阻塞一般很难预知，只有在发生的时候才能知道具体的阻塞路段以及阻塞时间。为了制定合理的车辆调度方案，调度员就需要对节点间的车辆行驶时间进行实时更新，以反映真实的交通情况。另外，随着车辆的任务队列中不同任务服务次序或者不同服务时间的变化，节点间的车辆行驶时间也是在不断变化的。

因此，在进行动态车辆调度时，不仅要考虑实时任务的到达，还要考虑实时的交通信息，即在不同时段节点间变化的车辆行驶时间，这样才能在动态的环境中，构造出更合理的车辆调度方案。

一、问题描述

在应急物流配送动态取货车辆调度问题中，物资配送中心会连续不断地接到用户的请求。在行驶时间固定的情况下，动态地制订车辆调度方案，以完成服务周期内所有的任务。当加入新的不确定性因素，即变动行驶时间后，就不能提前确定车辆在任务节点间的行驶时间，也就不能简单地用两任务节点间的行驶距离来代替行驶时间。

在时变条件下的动态取货车辆调度问题中，调度中心在服务周期的初始时刻不知道路径规划的所有信息。在构造了初始路径后，包括任务数量及车辆在节点间的行驶时间都可能发生变化，这些信息也不可能提前获得。当到达新的任务后，调度中心就要在包含新任务的情况下制订新的车辆路径及调度方案。另外，由于不可预期的事件导致节点间的行驶时间发生变化，为了能够在用户要求的时间窗口内以最低的成本完成服务，就要对已有的车辆路径及调度方案进行调整。同时，基于问题的动态特性，调度中心需要对实时任务及变动行驶时间做出快速反应。

二、问题的界定

为了更加清晰地描述本章研究的问题，下面对时变条件下应急物流配送中动态取货车辆调度问题进行了一些界定：

（1）所有车辆都安装了 GPS 全球定位系统及无线通信设备。车辆调度系统通过 GPS 定位技术和无线通信技术，可以实时获取所有车辆的信息（如车辆的位置信息），并向车辆传递新的调度方案，实现对所有车辆的实时控制。

（2）具有良好的道路交通控制系统，可以实时提供各条道路上车辆的行驶时间。当出现不确定情况时，能够实时获取节点间的行驶时间。

（3）不确定信息包括新任务的到达和行驶时间的变化。随着服务时间的推进，新任务不断出现。同时，在服务周期内的某些时间点，节点间的车辆行驶时间发生变化。

（4）车辆驾驶员在服务完一个用户之后必须和车辆调度中心联系以确定它下一个服务的用户的信息；如果车辆在服务完所有分配的用户后，没有新分配的用户出现，那么车辆在原地待命，直到分配到新的用户，或者等到工作时间结束后返回车库。

（5）本章考虑了实时的车辆行驶时间，同时也考虑了周期性阻塞和非周期性阻塞。由于道路交通周期性阻塞的特性，本书将服务周期内节点间的车辆行驶时间定义为一个分段函数，如图4.1所示。将整个服务周期划分为四个时段，每个时段给出了节点间的车辆行驶时间 c_1、c_2、c_3 和 c_4。

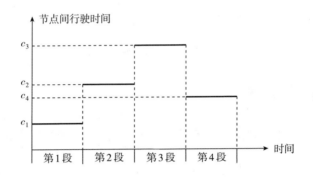

图4.1 节点间不同时段预期的车辆行驶时间

一旦出现突发事件，道路交通控制系统就能够根据出现的情况，计算出当前时刻节点间的车辆行驶时间，如图4.2所示。第1个时间段的行驶时间 c_1' 保持不变，但保持在 c_1' 的时间段缩短了；第2个时间段的行驶时间增加到了 c_2'；第3个时间段的行驶时间减小到了 c_3'；第4个时间段的行驶时间增加到了 c_4'。

三、关键节点

在时变条件下，动态取货车辆调度问题涉及一个很重要的概念——关键节点。

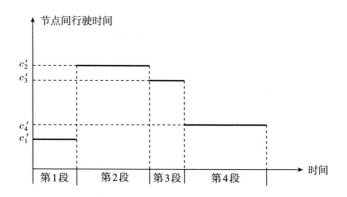

图 4.2 节点间不同时段实际的车辆行驶时间

定义 4.1：在决策时刻 t，关键节点为车辆完成服务的最后一个节点或者车辆正要到达的用户节点。

一旦用户得到服务或者车辆已离开，这个用户就要从调度方案中删除。只对那些还没有得到服务的用户进行路径规划。而在区分已服务和未服务节点时，关键节点起到了非常重要的作用。当出现新的任务时，要立即确定当前的关键节点，然后制订新的调度方案。

为了说明关键节点的概念，本书给出了一个图示例子。假设在时刻 t 有两辆车正在半路上，如图 4.3 所示。车辆 1 停留在节点 2，车辆 2 正驶往节点 5。那么，关键节点就为节点 2 和节点 5，而未确定指派节点就包括节点 3、节点 6、节点 7 和节点 8。

用数学方式可以描述为：假设车辆 k 从节点 i 经过中间节点 p 到达节点 j，即 $i \rightarrow p \rightarrow j$。从各个节点出发的时间分别为 t_i、t_p 和 t_j。若 $t_i < t \leqslant t_p$，那么时刻 t 的关键节点为节点 p；若 $t_p < t \leqslant t_j$，那么时刻 t 的关键节点为节点 j。

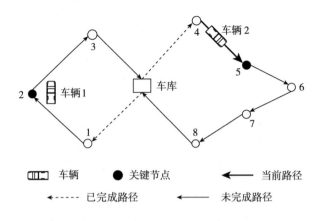

图 4.3　车辆行驶线路与关键节点

第二节　问题求解的数学模型

为了求解时变条件下应急物流配送中动态取货车辆调度问题，基于第三章的算法特性，本书将采用滚动时域的策略，在每一个决策点构造一个混合整数规划子模型，并提出相应的算法进行求解。这里的决策点包含两种类型：①当在某个决策时段内行驶时间没有发生变化时，决策点定义为每个决策时段开始的时刻；②当在某个决策时段内行驶时间发生变化时，决策点定义为行驶时间发生变化的时刻。

一、数学描述

当前决策时刻可用车辆集合为 K。定义车库为节点 0，所有节点的集合定义为 N。定义决策点 t 时刻所有关键节点集合为 CR，所有未获得服务的节点集合为 U。

对于节点 i，定义其时间窗口为 $[\tau_i^-,\ \tau_i^+]$；车辆到达该节点的时间为 t_i^{ARV}，车辆离开该节点的时间为 t_i^{LEV}，车辆在节点 i 的服务时长为 S_i。定义车辆提前到达节点 i 的等待时长为 W_i^{ARV}，服务完成后在节点 i 停留直到离开的延期时长为 W_i^{LEV}。车辆 k 完成其任务队列中的所有任务后，在时刻 t_0^k 返回车库。

对于调度方案中的路段 $i{\to}j$，定义 $c_{ij}^{k,l}$ 为车辆 k 在第 l 个时间段从节点 i 行驶到节点 j 的行驶时间；l_{ij} 为车辆从节点 i 行驶到节点 j 时所处的时间段，E_{ij}^l 为该时间段的结束时间。

定义一个决策变量 $x_{ij}^{k,l}$，当车辆 k 在第 l 个时间段内从节点 i 驶往节点 j 时，$x_{ij}^{k,l}$ 取值为 1；反之，$x_{ij}^{k,l}$ 取值为 0。

二、数学模型

基于以上分析，构造了决策时刻 t 问题求解的数学模型：

$$\min \sum_{i\in\{0\}\cup CR\cup U}\sum_{j\in\{0\}\cup U}\sum_{k\in K}\sum_{l\geq l_{ij}} c_{ij}^{k,l} x_{ij}^{k,l} + f_1\sum_{i\in U} W_i^{ARV} + f_2\sum_{i\in CR\cup U} W_i^{LEV} \qquad (4.1)$$

s. t.

$$\sum_{j\in\{0\}\cup U}\sum_{k\in k}\sum_{l\geq l_{ij}} x_{ij}^{k,l}=1,\ i\in CR\cup U \qquad (4.2)$$

$$\sum_{i\in\{0\}\cup CR}\sum_{k\in K}\sum_{l\geq l_{ij}} x_{ij}^{k,l}=1,\ j\in U \qquad (4.3)$$

$$\sum_{i\in\{0\}\cup CR}\sum_{l\geq l_{ip}} x_{ip}^{k,l} - \sum_{j\in\{0\}\cup U}\sum_{l\geq l_{pj}} x_{pj}^{k,l}=0,\ p\in U,\ k\in K \qquad (4.4)$$

$$\sum_{j\in\{0\}\cup U}\sum_{l\geq l_{ij}} x_{ij}^{k,l}=1,\ i\in CR,\ k\in K \qquad (4.5)$$

$$\sum_{j\in U}\sum_{l\geq l_{0j}} x_{0j}^{k,l}\leq 1,\ k\in K \qquad (4.6)$$

$$x_{ij}^{k,l}=\{0,\ 1\},\ i\in\{0\}\cup CR\cup U,\ j\in\{0\}\cup U,\ l\geq l_{ij},\ k\in K \qquad (4.7)$$

$$t_i^{ARV}\leq \tau_i^+,\ i\in U \qquad (4.8)$$

$$t_0^k \le \tau_0^+, \qquad k \in K \tag{4.9}$$

$$t_i^{LEV} - E_{ij}^l - [1 - x_{ij}^{k,l}]M < 0, \ i \in CR \cup U, \ j \in \{0\} \cup U, \ l \ge l_{ij}, \ k \in K \tag{4.10}$$

$$t_i^{LEV} - E_{ij}^{l-1} + [1 - x_{ij}^{k,l}]M \ge 0, \ i \in CR \cup U, \ j \in \{0\} \cup U, \ l \ge l_{ij}, \ k \in K \tag{4.11}$$

$$t_0^{LEV} - E_{0j}^l - [1 - x_{0j}^{k,l}]M < 0, \ j \in U, \ l \ge l_{0j}, \ k \in K \tag{4.12}$$

$$t_0^{LEV} - E_{0j}^{l-1} + [1 - x_{0j}^{k,l}]M \ge 0, \ j \in U, \ l \ge l_{0j}, \ k \in K \tag{4.13}$$

$$t_i^{LEV} - (t_i^{ARV} + W_i^{ARV} + S_i) \ge 0, \ i \in CR \cup U \tag{4.14}$$

$$t_i^{LEV} - t \ge 0, \ i \in CR \tag{4.15}$$

$$t_0^{LEV} - t + [1 - x_{0j}^{k,l}]M \ge 0, \ j \in U, \ l \ge l_{0j}, \ k \in K \tag{4.16}$$

$$W_i^{ARV} = \max\{0, \ \tau_i^- - t_i^{ARV}\}, \ i \in CR \cup U \tag{4.17}$$

$$W_i^{LEV} = t_i^{LEV} - (t_i^{ARV} + W_i^{ARV} + S_i), \ i \in CR \cup U \tag{4.18}$$

$$t_i^{LEV} + c_{ij}^{k,l} - t_j^{ARV} + [1 - x_{ij}^{k,l}]M \ge 0, \ i \in \{0\} \cup CR \cup U, \ j \in \{0\} \cup U, \ l \ge l_{ij}, \ k \in K \tag{4.19}$$

$$t_i^{LEV} + c_{ij}^{k,l} - t_j^{ARV} - [1 - x_{ij}^{k,l}]M \le 0, \ i \in \{0\} \cup CR \cup U, \ j \in \{0\} \cup U, \ l \ge l_{ij}, \ k \in K \tag{4.20}$$

$$t_0^{LEV} + c_{0j}^{k,l} - t_j^{ARV} + [1 - x_{0j}^{k,l}]M \ge 0, \ j \in U, \ l \ge l_{0j}, \ k \in K \tag{4.21}$$

$$t_0^{LEV} + c_{0j}^{k,l} - t_j^{ARV} - [1 - x_{0j}^{k,l}]M \le 0, \ j \in U, \ l \ge l_{0j}, \ k \in K \tag{4.22}$$

$$t_i^{LEV} + c_{i0}^{k,l} - t_0^k + [1 - x_{i0}^{k,l}]M \ge 0, \ i \in CR \cup U, \ l \ge l_{i0}, \ k \in K \tag{4.23}$$

$$t_i^{LEV} + c_{i0}^{k,l} - t_0^k - [1 - x_{i0}^{k,l}]M \le 0, \ i \in CR \cup U, \ l \ge l_{i0}, \ k \in K \tag{4.24}$$

其中，M 是一个足够大的正数。

式（4.1）给出了问题求解的目标函数，由三部分组成：车辆在道路上的行驶时间、在任务节点的早到等待时间和延迟离开时间。f_1 和 f_2 分别表示车辆在任务节点的早到等待时间和延迟离开时间的惩罚系数。车辆接到一个新的指派任务后，容易调整车辆在任务节点的延迟离开时间，表明延迟离开时间比早到等待时间具有更大的灵活性，因此 $f_1 > f_2$。

约束条件（4.2）表示离开每个关键节点或者未服务节点的车辆只能有一个，并且只有一次；约束条件（4.3）表示只能有一辆车到达一个未服务节点，并且只有一次；约束条件（4.4）表示对于每个未服务的节点 p，到达的车辆必须最终离开该节点；约束条件（4.5）表示到达或者将要到达一个关键节点的车辆必须离开该节点。约束条件（4.6）表示每辆车只能从车库出发一次。约束条件（4.7）指定 $x_{ij}^{k,l}$ 为0、1整数值。当车辆在第 l 个时间段内从节点 i 出发前往节点 j 时，$x_{ij}^{k,l}$ 取值为1；否则取值为0。

约束条件（4.8）表示车辆到达每个节点的时间不能迟于该节点时间窗口的最迟取货时间；约束条件（4.9）表示所有车辆必须在规定时间内回到车库；约束条件（4.10）和约束条件（4.11）表示，当车辆在第 l 个时间段从节点 i 出发前往节点 j 时，从节点 i 出发的时间 t_i^{LEV} 必须位于第 l 个时间段的时间范围内；约束条件（4.12）和约束条件（4.13）表示，当车辆在第 l 个时间段内从车库出发前往节点 j 时，车辆离开车库的时间 t_0^{LEV} 必须位于第 l 个时间段的时间范围内。

约束条件（4.14）表示车辆从节点 i 离开的时间 t_i^{LEV} 不能早于任务的完成时间 $t_i^{ARV} + W_i^{ARV} + S_i$；约束条件（4.15）表示对于关键节点 i，车辆的离开时间 t_i^{LEV} 不能早于决策时刻 t；约束条件（4.16）表示车辆离开车库的时间必须迟于决策时刻 t；约束条件（4.17）定义了车辆早到节点 i 而等待服务的时长；约束条件（4.18）定义了车辆完成节点 i 的任务后延迟离开的时长。

约束条件（4.19）和约束条件（4.20）定义了车辆从关键节点 i 出发到达节点 j 的时间；约束条件（4.21）和约束条件（4.22）定义了车辆从车库出发到达节点 j 的时间；在模型中，约束条件（4.17）和约束条件（4.18）中关键节点 i 的到达时间 t_i^{ARV} 是提前已知的，可以看作一个常量，而在约束条件（4.19）、约束条件（4.20）、约束条件（4.21）和约束条件（4.22）中，对于未服务节点 i，其到达时间 t_i^{ARV} 是变量。约束条件（4.23）和约束条件（4.24）定义了每辆车返回车库的时间。

<h1 style="text-align:center">第三节　求解算法</h1>

由于时变条件下应急物流配送中动态取货车辆调度问题的高度复杂性，特别是对一个大规模的问题，采用精确算法很难在一个合理的时间范围内求得问题的解，因此本书集中于研究求解该类问题的启发式算法。

一、车辆从节点出发的最佳时间

在构造车辆路径与调度方案时，涉及一个重要的问题：车辆从关键节点出发的最佳时间选择，下面将进行详细的阐述。

当在节点 i 和节点 j 之间插入节点 p 时，从节点 i、p 和 q（$q=j$, $j+1$, $\cdots$, n）出发的最佳时间 t_i'、t_p' 和 t_q' 可以通过最小化总的增加成本 ΔC 而得到：

$$(t_i',\ t_p) = \underset{(x,y)}{\arg\min}\Delta C = \{\,C_{ip}^x + C_{pj}^y - C_{ij}^{t_i} + \delta_j(t_j')\,\} \tag{4.25}$$

$$t_q' = \underset{x>t_q^{LEV}}{\arg\min}\{\,\delta_q(x),\ \forall q \geq j\,\}$$

$$= \underset{x>t_q^{LEV}}{\arg\min}\{\,C_{q,q+1}^x - C_{q,q+1}^{t_q} + \delta_{q+1}(t_{q+1}')\,\} \tag{4.26}$$

其中，$C_{ij}^{t_i}$ 表示 t_i 时刻车辆从节点 i 行驶到节点 j 的总成本，$\delta_j(t_j')$ 表示在节点 i 和节点 j 间插入节点 p 后，在节点 j 增加的成本。t_i 和 t_q 表示在插入节点 p 前从节点 i 和节点 q 出发的最佳时间，$\bar{t}_q$ 和 t_q' 分别表示在插入节点

p 后，从节点 q 出发的最早时间和最佳时间。由于时间的连续性，得到车辆从节点出发的最佳时间比较困难，因此需要采用一种方法进行优化计算。

定义从节点 i 出发的最早时间为：

$$\bar{t}_i = \begin{cases} \max\{t, \; t_i^{ARV}+W_i^{ARV}+S_i\} & \text{若 } i \in CR \\ t_i^{ARV}+W_i^{ARV}+S_i & \text{若 } i \in U \end{cases} \qquad (4.27)$$

对于边 $i \to j$ 和时间段 l，给定第 l 个时间段的下界 E_{ij}^{l-1} 和上界 E_{ij}^{l}，其时间范围为 $[E_{ij}^{l-1}, \; E_{ij}^{l})$，即包含下界而不包含上界的左闭右开的时间段。给定该时段车辆的行驶时间为 $c_{ij}^{k,l}$，由前面的假设可知 $E_{ij}^{l} > \bar{t}_i$。下面分三种情况讨论从节点出发的最佳时间：

1. $\tau_j^- \geqslant E_{ij}^{l}+c_{ij}^{k,l}$

当节点 j 的最早服务时间大于等于时间段 l 的上界 E_{ij}^{l} 加上车辆从节点 i 行驶到节点 j 的行驶时间时，如图 4.4 所示，从节点 i 离开的出发时间 t_i^{LEV} 的时间区间为 $[\bar{t}_i, \; E_{ij}^{l}-\varepsilon]$，其中 ε 为一个很小的正值，表示出发时间 t_i^{LEV} 可以尽可能地靠近时间段 l 的上界 E_{ij}^{l}。由于 $W_j^{ARV}>0$，$f_1>f_2$，并且 $c_{ij}^{k,l}$ 不变，可以通过增加 W_i^{LEV} 减少 W_j^{ARV} 来减少总的增加成本，因此车辆从节点 i 出发的时间可以延迟到 $E_{ij}^{l}-\varepsilon$。

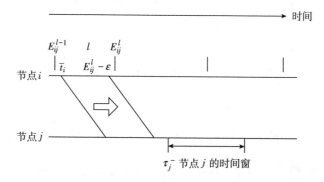

图 4.4　$\tau_j^- \geqslant E_{ij}^{l}+c_{ij}^{l}$ 时的最佳出发时间

2. $E_{ij}^l + c_{ij}^{k,l} > \tau_j^- \geq E_{ij}^{l-1} + c_{ij}^{k,l}$

当节点 j 的最早服务时间大于等于时间段 l 的下界 E_{ij}^{l-1} 加上车辆从节点 i 行驶到节点 j 的行驶时间，而小于时间段 l 的上界 E_{ij}^l 加上车辆从节点 i 行驶到节点 j 的行驶时间时，令 t_i' 表示从节点 i 出发，保证到达节点 j 的时间是节点 j 时间窗口的最早服务时间的出发时间，即 $t_i' = \tau_j^- - c_{ij}^{k,l}$。这时又分两种情况：

（1）$t_i' \geq \bar{t}_i$。当从节点 i 出发的最早可能时间 $\bar{t}_i$ 小于 t_i'，如图 4.5 所示，出发时间 t_i 的区间为 $[\bar{t}_i, E_{ij}^l - \varepsilon]$。由于 $W_j^{ARV} > 0$，因此可以通过延迟车辆从节点 i 的出发时间 t_i' 来减少总的增加成本。延迟的时间不能超过 t_i'，因为这样将增加从节点 i 出发的延迟时间，而不减少在节点 j 的等待时间。因此，这时车辆从节点 i 出发的最佳时间为 t_i'。

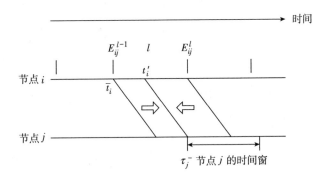

图 4.5　$t_i' > \bar{t}_i$ 时的最佳出发时间

（2）$\bar{t}_i > t_i'$。当从节点 i 出发的最早可能时间 $\bar{t}_i$ 大于 t_i' 时，如图 4.6 所示，出发时间 t_i 的区间为 $[\bar{t}_i, E_{ij}^l - \varepsilon]$。这时不能推迟出发时间，因为这样将增加从节点 i 出发的延迟时间，而不减少在节点 j 的等待时间。这时车辆从节

点 i 出发的最佳出发时间为 $\bar{t}_i$。

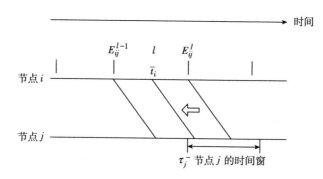

图 4.6　$\bar{t}_i > t'_i$ 时的最佳出发时间

综合考虑上面两种情况可以得出：当节点 j 的最早服务时间大于等于时间段 l 的下界 E_{ij}^{l-1} 加上车辆从节点 i 行驶到节点 j 的行驶时间，而小于时间段 l 的上界 E_{ij}^l 加上车辆从节点 i 行驶到节点 j 的行驶时间时，车辆从节点 i 出发的最佳时间为 $\max\ (\bar{t}_i,\ t'_i)$。

3. $E_{ij}^{l-1} + c_{ij}^{k,l} > \tau_j^-$

当节点 j 的最早服务时间小于时间段 m 的下界 E_{ij}^{m-1} 加上车辆从节点 i 行驶到节点 j 的行驶时间时，也要分两种情况讨论：

（1）$E_{ij}^{l-1} \geqslant \bar{t}_i$。当从节点 i 出发的最早可能时间 $\bar{t}_i$ 小于等于时间段 l 的下界 E_{ij}^{l-1} 时，从节点 i 出发的时间 t_i 的时间区间为 $\left[E_{ij}^{l-1},\ E_{ij}^l - \varepsilon\right]$，如图 4.7 所示。

由于在节点 i 的延迟离开时间 $W_i^{LEV} > 0$，而车辆到达节点 j 后没有等待服务时间，即 $W_j^{ARV} = 0$，因此，就要尽可能地减少在节点 i 的延迟离开时间 W_i^{LEV}，这时，从节点 i 出发的最佳时间就应该为 E_{ij}^{l-1}。

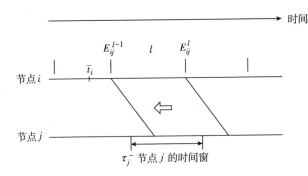

图 4.7 $E_{ij}^{l-1} \geqslant \bar{t}_i$ 时的最佳出发时间

（2） $\bar{t}_i > U_{ij}^{l-1}$。如图 4.8 所示，出发时间 t_i 的区间为 $\left[\bar{t}_i, E_{ij}^l - \varepsilon\right]$。由于 $W_i^{LEV} > 0$， $W_j^{ARV} = 0$，最佳出发时间应该为 $\bar{t}_i$。

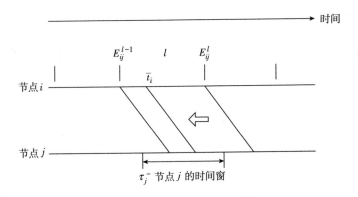

图 4.8 $\bar{t}_i \geqslant U_{ij}^{l-1}$ 时的最佳出发时间

综合考虑上面两种情况可知，当节点 j 的最早服务时间小于时间段 l 的下界 E_{ij}^{l-1} 加上车辆从节点 i 行驶到节点 j 的行驶时间时，车辆从节点 i 出发的最佳时间为 $\max\left(\bar{t}_i, E_{ij}^{l-1}\right)$。

二、混合滚动时域求解策略

在兼顾计算时间与求解质量的前提下，基于时变条件的影响，本章提出了一种混合滚动时域策略：

（1）当行驶时间不发生变化时，按照第三章的滚动时域策略，采用两阶段算法求解每个决策时间段构造的子问题。

（2）当行驶时间发生变化时，这里又分为两种情况：

第一，当行驶时间发生变动的时刻 t'_i 出现在 $[t_i, (t_i+t_{i+1})/2]$ 时间段时，如图 4.9 所示，第 i 个子问题按照节点间新的行驶时间重新构造车辆路径及调度方案，同时采用快速算法对当前的第 $i-1$ 个子问题的解进行调整，在 $[t'_i, t_{i+1}]$ 时间段时，车辆按照调整后的第 $i-1$ 个子问题的解进行调度。

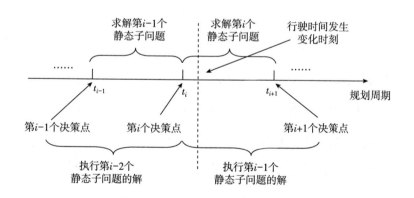

图 4.9 行驶时间在时间段 $[t_i, (t_i+t_{i+1})/2)$ 内发生变化

第二，当行驶时间发生变动的时刻 t'_i 出现在 $[(t_i+t_{i+1})/2, t_{i+1}]$ 时间段时，如图 4.10 所示。对于第 i 个子问题，根据更新后的节点间的行驶时间，采用快速算法重新计算。而对第 $i-1$ 个子问题的解不做调整。在 $\left[t'_i,\ t_{i+1}\right]$ 时间段时，车辆按照原来的第 $i-1$ 个子问题的解进行调度。

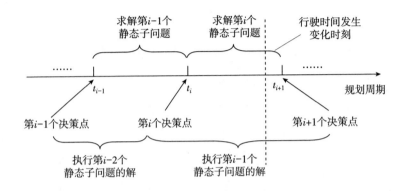

图 4.10 行驶时间在时间段 $\left[\ (t_i+t_{i+1})/2,\ t_{i+1}\right]$ 内发生变化

在以上分析的基础上，混合滚动时域策略的详细步骤如下：

算法 4.1：混合滚动时域策略。

步骤 1：设定滚动时域的时间段长度 Δ。

步骤 2：当到达一个决策点 t_k 时：

步骤 2.1：更新所有可用车辆的位置及状态；

步骤 2.2：列出当前时刻未获得服务的任务集合 P。

步骤 3：选择满足条件的未服务任务集合 P'，$P' \subseteq P$。构造一个包含未服务任务集合 P' 和所有可用车辆的静态车辆调度问题。

步骤 4：采用两阶段算法构造车辆路径与调度方案并进行优化。

步骤 5：如果行驶时间发生变化，停止步骤 4 的计算，转步骤 6。

步骤 6：判断行驶时间发生变化的时刻 t'_i 在该规划时间段 $\left[t_i,\ t_{i+1}\right]$ 内的位置。

步骤 6.1：若 $t_i' \in \left[t_i, \ (t_i+t_{i+1})/2 \right)$，更新当前系统状态，采用快速启发式算法对当前正在执行的车辆路径及调度方案，即第 $i-1$ 个子问题的解进行调整，当前车辆按照调整后的解进行调度。第 i 个子问题根据更新后的系统状态，重新调用两阶段算法进行求解。

步骤 6.2：若 $t_i' \in \left[(t_i+t_{i+1})/2, \ t_{i+1} \right]$，更新当前系统状态，采用快速启发式算法对第 i 个子问题进行求解。对第 $i-1$ 个子问题的解不做处理，当前车辆仍然按照原有调度方案执行。

步骤 7：滚动时域 $t_{i+1}=t_i+\Delta$。

求解过程中涉及的两阶段算法同第三章，这里不再赘述。本章将最邻近插入算法路线构造算法与 Or-opt 交换路线改进算法相结合，提出了在行驶时间发生变动时刻 t_i' 进行方案调整的快速启发式算法。

三、快速启发式算法

快速启发式算法的求解思路是：随机选择未服务任务，采用最邻近插入算法将任务插入附加成本最小的位置。当连续插入一给定数量（$count$）的任务后，采用路线改进算法 Or-opt 交换对构造的路线进行优化。优化过程完成后，再从未服务任务集合中选择任务，采用最邻近插入算法将其插入附加成本最小的位置。该过程不断重复，直到将所有未服务任务插入车辆路线中，最后输出车辆路径及调度方案。图 4.11 给出了快速启发式算法求解的过程。

```
            Procedure 快速启发式算法过程
    输入：当前时刻车辆位置，未服务任务集合 P
            输出：调度方案
                    begin
        根据当前车辆位置确定出关键节点
        计算出车辆在关键节点的最早离开时间
                    i = 0
                     do
        从未服务任务集合 P 中随机选择一个任务 u
        找到执行该任务附加成本最小的车辆 k
            将任务 u 插入最佳插入位置
    P = P /{ u}    //从未服务任务集合 P 中删除任务 u
    if i = count    then  //  count 为预先定义的数值
        采用 Or−opt 交换对当前路径进行优化
                    i = 0
                    else
                    i = i +1
                    endif
                while  P ⊄∅
        输出车辆路径及调度方案
                    end
```

图 4.11　快速启发式算法求解过程

第四节　计算实例分析

　　针对不同的问题实例，计算了不同算法及策略下动态问题的目标函数值，验证本书构建的模型及提出算法的有效性。

一、测试实例

　　根据 Solomon（1987）的 VRPTW 基准测试实例集，构造本章的测试实例，验证本章提出算法的性能。

本章构造算例的策略类似于第三章。这里仅仅考虑了一种动态度：在服务周期开始以前，已到达 50 个任务。静态任务从整个任务集中随机选择，设定其在选择过程中偏向于选择具有较早时间窗口的任务。另外，50 个任务随着时间的推移不断到达。

由于行驶时间的变化，为了能够在服务周期内执行所有的动态任务，设定动态任务提前到达的时间 at_i 均匀分布于式（4.28）表示的时间段内：

$$\left[0, \frac{1}{2}\min\{\tau_i^-, \ \tau_i^- - t_{0i} - \Delta\}\right] \tag{4.28}$$

其中，τ_i^- 为任务 i 的最早取货时间，t_{0i} 为车辆从车库到该任务点的行驶时间，Δ 为滚动时域长度。

不同于基准测试实例中节点间行驶时间对应于其相应的距离，为了反映变动行驶时间，本章将行驶时间表示为一个分段函数。首先定义了 4 个随机参数 ω_1、ω_2、ω_3 和 ω_4，其取值区间为：

$$\left[-\frac{\tau_0^+ - \tau_0^-}{25}, \ \frac{\tau_0^+ - \tau_0^-}{25}\right] \tag{4.29}$$

其中，τ_0^- 和 τ_0^+ 分别表示车辆从车库出发的最早允许时间和返回车库的最迟允许时间。整个规划周期被划分为 5 个时间段，即 $L=5$。划分结果如表 4.1 所示。

表 4.1　时间段的划分

时间段	时间区间
1	$\left[\tau_0^-, \ \tau_0^- + \dfrac{\tau_0^+ - \tau_0^-}{5} + \omega_1\right)$
2	$\left[\tau_0^- + \dfrac{\tau_0^+ - \tau_0^-}{5} + \omega_1, \ \tau_0^- + \dfrac{\tau_0^+ - \tau_0^-}{5} + \omega_2\right)$

续表

时间段	时间区间
3	$\left[\tau_0^- + \dfrac{\tau_0^+ - \tau_0^-}{5} + \omega_2,\ \tau_0^- + \dfrac{\tau_0^+ - \tau_0^-}{5} + \omega_3\right)$
4	$\left[\tau_0^- + \dfrac{\tau_0^+ - \tau_0^-}{5} + \omega_3,\ \tau_0^- + \dfrac{\tau_0^+ - \tau_0^-}{5} + \omega_4\right)$
5	$\left[\tau_0^- + \dfrac{\tau_0^+ - \tau_0^-}{5} + \omega_4,\ \tau_0^+\right]$

设节点 i 到节点 j 之间的距离为 d_{ij}。定义每个时间段内行驶时间的加权系数为 λ_1、λ_2、λ_3、λ_4 和 λ_5,其取值区间为 $[1.0,\ 1.5]$。车辆从一个节点到下一个节点的行驶时间就等于两个节点间的距离乘以所在时间段内的行驶时间权重系数,即第 l 个时间段内车辆从节点 i 到节点 j 的行驶时间为 $\lambda_l \cdot d_{ij}$。

为了验证在不同行驶时间变化情况下算法的性能,本章设计了两种情形,每种情形构造了 10 个测试算例:

情形 1:行驶时间发生变动的频率较低。节点间车辆行驶时间只发生了两次变动,发生的时刻分别为:$(\tau_0^+ - \tau_0^-)/4$ 和 $2(\tau_0^+ - \tau_0^-)/4$。

情形 2:行驶时间发生变动的频率较高。节点间车辆行驶时间发生了 7 次变动。发生的时刻分别为:$(\tau_0^+ - \tau_0^-)/7$、$(\tau_0^+ - \tau_0^-)/4$、$3(\tau_0^+ - \tau_0^-)/7$、$2(\tau_0^+ - \tau_0^-)/4$、$4(\tau_0^+ - \tau_0^-)/7$、$3(\tau_0^+ - \tau_0^-)/4$ 和 $6(\tau_0^+ - \tau_0^-)/7$。

二、计算结果及分析

本章所提出的算法采用 Visual C++6.0 在 Pentium4、1.6G CPU、256M RAM 配置的微机上进行了实现。

为了验证本章提出算法的性能,将其与基准算法进行了对比。这里的基准算法与本章的混合滚动时域算法类似，区别是：在求解过程中，基准算法只考虑任务的动态到达，而不考虑行驶时间的变动情况。

为了得到一个比较准确的统计结果，对每个测试算例都进行了 10 次测试实验。对于 6 大类测试实例，这里仅列出了每类测试实例中前四个算例的计算结果。表 4.2 和表 4.3 分别给出了情形 1 和情形 2 下 6 大类测试实例的计算结果。表中的 MAX、MIN 及 AVG 分别表示两种算法得到的目标函数值的最大值、最小值和平均值。

表 4.2　情形 1 下不同算法的目标函数值　　单位：分钟

测试实例	基准算法			混合滚动时域算法		
	MIN	MAX	AVG	MIN	MAX	AVG
R101	2238.79	2492.46	2327.22	1959.37	2259.52	2200.28
R102	2018.31	2288.67	2095.85	1926.99	2053.17	1981.53
R103	1714.86	2003.57	1877.76	1692.84	1838.16	1775.34
R104	1521.03	1768.42	1628.38	1485.43	1567.98	1539.56
C101	1112.66	1276.13	1181.17	1068.91	1160.00	1100.73
C102	1305.69	1492.76	1366.95	1244.32	1342.10	1292.39
C103	1411.54	1580.96	1476.15	1317.85	1434.2	1395.64
C104	1383.54	1611.95	1510.73	1266.11	1378.61	1331.49
RC101	2264.57	2521.81	2390.34	2194.14	2303.42	2259.95
RC102	2072.46	2382.25	2181.53	2015.07	2116.48	2062.54
RC103	1934.67	2168.74	2032.56	1846.25	2016.30	1921.69
RC104	1845.88	2009.72	1904.95	1763.39	1903.56	1801.04
R201	1831.42	2038.93	1903.77	1780.54	1848.38	1799.92
R202	1756.10	1991.34	1823.58	1706.87	1786.44	1724.11
R203	1606.56	1773.62	1662.25	1541.36	1627.19	1571.58
R204	1380.76	1574.28	1449.62	1354.73	1395.85	1370.55
C201	847.56	959.04	895.46	814.06	883.74	846.62
C202	1015.70	1137.55	1078.24	988.06	1074.32	1019.43

续表

测试实例	基准算法			混合滚动时域算法		
	MIN	MAX	AVG	MIN	MAX	AVG
C203	1093.38	1240.49	1135.98	1040.97	1115.33	1074.02
C204	1260.81	1402.21	1309.26	1209.28	1272.12	1237.84
RC201	2025.94	2460.07	2296.98	1977.74	2117.91	2024.46
RC202	1869.47	2294.05	2112.39	1804.48	1933.37	1861.76
RC203	1647.98	1946.94	1845.44	1709.88	1778.33	1744.78
RC204	1436.46	1700.40	1557.14	1434.83	1510.71	1472.21

表 4.3　情形 2 下不同算法的目标函数值　　　　　　单位：分钟

测试实例	基准算法			混合滚动时域算法		
	MIN	MAX	AVG	MIN	MAX	AVG
R101	2268.08	2525.06	2357.67	1978.96	2282.11	2222.28
R102	2090.70	2370.76	2171.02	1907.72	2032.63	1961.71
R103	1870.85	2065.38	1935.69	1664.02	1806.91	1745.15
R104	1575.14	1795.91	1653.69	1455.72	1536.62	1508.76
C101	1125.23	1260.21	1194.51	1079.59	1171.60	1111.73
C102	1408.58	1598.10	1463.46	1223.16	1319.28	1270.41
C103	1480.31	1646.33	1537.19	1304.67	1419.85	1381.68
C104	1663.86	1807.88	1694.36	1240.78	1351.03	1304.86
RC101	2237.21	2643.06	2505.27	2216.08	2326.45	2282.55
RC102	2108.32	2495.70	2285.44	1980.81	2080.50	2027.47
RC103	1991.00	2255.20	2113.59	1827.78	1996.13	1902.47
RC104	1732.48	2065.28	1957.61	1781.02	1922.59	1819.05
R201	1989.90	2215.37	2068.50	1798.34	1866.86	1817.91
R202	1809.49	2051.89	1879.02	1672.73	1750.71	1689.62
R203	1652.64	1824.48	1709.92	1525.94	1610.91	1555.86
R204	1472.46	1678.84	1545.89	1331.70	1372.12	1347.25
C201	858.45	971.37	906.97	822.20	892.57	855.08
C202	1069.44	1197.73	1135.29	997.94	1085.06	1029.62
C203	1148.20	1302.68	1192.93	1051.38	1126.48	1084.76

续表

测试实例	基准算法			混合滚动时域算法		
	MIN	MAX	AVG	MIN	MAX	AVG
C204	1327.14	1476.07	1378.17	1221.37	1284.84	1250.21
RC201	2112.62	2565.31	2395.26	1938.18	2075.55	1983.97
RC202	1925.89	2363.25	2176.11	1786.43	1914.03	1843.14
RC203	1737.73	2052.93	1945.95	1726.97	1796.11	1762.22
RC204	1462.04	1730.74	1584.84	1449.17	1525.81	1486.93

从表 4.2 中可以看出，在所有的测试实例中，混合滚动时域算法的计算结果都优于基准算法的计算结果。这表明，当行驶时间发生变化时，考虑行驶时间变化情况的混合滚动时域算法能够避免拥挤路段，体现了本章提出的算法在处理变动行驶时间动态车辆调度问题时的有效性。

表 4.3 给出了情形 2 下 6 大类测试实例的计算结果。从表 4.3 中可以看出，在高行驶时间变动频率的情形下，混合滚动时域算法的计算结果优于基准算法的计算结果。

对比表 4.2 和表 4.3 可以看出：当行驶时间的变动频率增加时，不考虑行驶时间的基准算法得到的行驶时间也随着增加，表明在高行驶时间变动频率的情形下，基准算法的性能更低。比较两种情形下基准算法与混合滚动时域算法的结果可知，随着行驶时间变动频率的增加，混合滚动时域算法与基准算法结果的差距更大，说明本章提出的算法能够很好地处理行驶时间的变动情况。

第五章

应急物流配送动态
取送货车辆调度

第三、第四章研究了单纯取货的动态问题，本章研究同时考虑取货与送货的动态车辆调度问题。第一节对动态取送货车辆调度问题进行了分析；第二节构建了决策时段问题求解的数学模型；第三节给出了每个决策时段问题的求解算法；第四节用一组计算实例对本章构建的模型及提出的算法的性能进行了验证。

第一节　应急物流配送动态取送货车辆
调度问题

一、问题描述

在现实生活中存在着一种情况：当天送达服务。应急物流配送中心在一天内，完成从用户的取件点取货并运送到收件点的整个过程。随着时间的推移，配送中心不断接到服务请求，要求在一定的时间范围内到取货点取货，并在一定的时间窗口内送达收货点。当取送货服务请求到达配送中心后，快递公司要根据最新的任务信息及车辆信息，调整车辆的调度路线。

图 5.1 给出了单辆车服务取送货任务的调度过程。在当前时刻 t，车辆 k 位于位置 A 并正在向用户 1 的取货点行驶。车辆 k 当前的调运方案是：到用户 1 的取货点取货，到用户 2 的取货点取货，到用户 2 的收货点卸货，到用户 1 的收货点卸货，到用户 3 的取货点取货，到用户 3 的收货点卸货，如图 5.1（a）所示。假设此时到达一个新的取送货请求，用户 4，位置信息如图 5.1（b）所示。这时，就要在包含新用户 4 的情况下重新制订车辆 k 的调度方案。

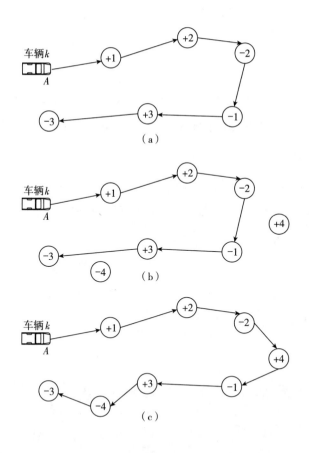

图 5.1 动态取送货服务过程

经过方案调整后，得到车辆 k 新的调度方案：到用户 1 的取货点取货，到用户 2 的取货点取货，到用户 2 的收货点卸货，到用户 4 的取货点取货，到用户 1 的收货点卸货，到用户 3 的取货点取货，到用户 4 的收货点卸货，到用户 3 的收货点卸货，如图 5.1（c）所示。

二、问题的界定

为了明确研究的问题，这里首先给出了问题的基本假设：

（1）所有车辆都安装了 GPS 全球定位系统及无线通信设备。车辆调度系统通过 GPS 定位技术和无线通信技术，可以实时获取所有车辆的信息（如车辆的位置信息），并向车辆传递新的调度方案，实现对所有车辆的实时控制。

（2）不确定信息只包括新任务的到达，并且不考虑任务的取消情况。另外，取送货点间的行驶时间是已知的，不考虑交通事故、车辆故障等引起的行驶时间的变化。

（3）每个用户同时包含一个取货点和一个收货点，并且取送货必须在一个服务周期内完成。即首先从用户的取货点取货，在规定的时间内运送到用户的收货点卸货。

（4）根据当前调度方案，车辆到达下一个取货点或收货点需要等待时，要求车辆在当前位置等待，这样可以增加车辆服务其他用户的可能性。车辆一旦开始服务，不允许偏离它当前的目的地。

第二节　问题求解的数学模型

本章研究的问题等同于带时间窗口限制的取送货车辆调度问题的动态

化：任务是实时到达的，而不是预知的，这就需要根据新的任务信息不断地调整车辆调度方案。下面给出了每个决策点问题求解的数学模型。

一、数学描述

定义决策点 t 时刻所有确定指派用户的集合为 CR，所有未确定指派用户集合为 U。定义集合 CR 中用户数目为 m，用 $P^{CR} = \{1, 2, \cdots, m\}$ 表示所有确定指派用户的收货点集合。n 是集合 U 中所有用户的数目。每一个未确定指派用户都指定一个取货点和一个收货点，因此取、卸货点的个数都为 n。设用户 i 的取货地点为点 i，定义其对应的收货点为点 $n+i$，点 0 表示车库。因此，用 $P^+ = \{1, 2, \cdots, n\}$ 表示所有未确定指派用户取货点集合，$P^- = \{n+1, n+2, \cdots, 2n\}$ 表示所有未确定指派用户收货点集合，那么 $P = P^+ \cup P^-$ 表示所有未确定指派用户取送货点的集合。对每个未确定指派用户 $i \in U$，要求将快件从取件点 i 运送到收件点 $n+i$。设 $i \in P$ 的时间窗口为 $[\tau_i^-, \tau_i^+]$（$\tau_i^- \leqslant \tau_i^+$），$\tau_i^-$ 和 τ_i^+ 分别表示该点的最早和最晚服务时间，即点 i 只能在此时间窗口内接受服务。

定义 K 为当前时刻所有可用车辆的集合。定义车辆 k 从车库出发的时间为 t_{0k}^{LEV}，车辆 k 返回车库的时间为 t_{0k}^{ARV}。定义车库的时间窗口为 $[\tau_0^-, \tau_0^+]$，即车辆从车库出发的时间要晚于 τ_0^- 时刻，但是必须在 τ_0^+ 时刻之前返回车库。

对于点 $i \in P$，车辆到达该点的时间为 t_i^{ARV}，车辆离开该点的时间为 t_i^{LEV}，车辆在点 i 的服务时长为 S_i。车辆 k 完成其任务队列中的所有任务后返回车库。对于调度方案中的路段 $i \rightarrow j$，定义 c_{ij}^k 为车辆从点 i 行驶到点 j 的行驶时间。定义一个二元变量 x_{ij}^k，当车辆 k 从节点 i 驶往节点 j 时，x_{ij}^k 取值为 1；反之，x_{ij}^k 取值为 0。问题求解的目标是最小化完成所有任务的总行驶时间。

二、数学模型

在时刻 t，问题求解的数学模型为：

$$\min Z = \sum_{i \in \{0\} \cup P^{CR} \cup P} \sum_{j \in \{0\} \cup P} \sum_{k \in K} c_{ij}^k x_{ij}^k \tag{5.1}$$

s. t.

$$\sum_{j \in \{0\} \cup P} \sum_{k \in K} x_{ij}^k = 1, \ i \in P^{CR} \cup P \tag{5.2}$$

$$\sum_{i \in \{0\} \cup P^{CR} \cup P} \sum_{k \in K} x_{ij}^k = 1, \ j \in P \tag{5.3}$$

$$\sum_{i \in \{0\} \cup P^{CR} \cup P} x_{ih}^k - \sum_{j \in \{0\} \cup P} x_{hj}^k = 0, \ h \in P, \ k \in K \tag{5.4}$$

$$\sum_{j \in P^+} x_{ij}^k = 1, \ i \in \{0\} \cup P^{CR}, \ k \in K \tag{5.5}$$

$$\sum_{i \in P^- \cup P^{CR}} x_{i0}^k = 1, \ k \in K \tag{5.6}$$

$$\sum_{j \in P} x_{ij}^k - \sum_{j \in P} x_{j,n+i}^k = 0, \ i \in P^+, \ k \in K \tag{5.7}$$

$$x_{ij}^k \in \{0, 1\}, \ i \in \{0\} \cup P^{CR} \cup P, \ j \in \{0\} \cup P, \ k \in K \tag{5.8}$$

$$\tau_i^- \leqslant t_i^{ARV} \leqslant \tau_i^+, \ i \in P \tag{5.9}$$

$$t_i^{ARV} + S_i \leqslant t_i^{LEV}, \ i \in P^{CR} \cup P \tag{5.10}$$

$$t_i^{LEV} + c_{i,n+i}^k \leqslant t_{n+i}^{ARV}, \ i \in P^{CR} \cup P, \ k \in K \tag{5.11}$$

$$t_i^{LEV} - t \geqslant 0, \ i \in P^{CR} \tag{5.12}$$

$$t_{0k}^{ARV} \leqslant \tau_0^+, \ k \in K \tag{5.13}$$

$$t_{0k}^{LEV} - t + (1 - x_{0j}^k) M \geqslant 0, \ j \in P, \ k \in K \tag{5.14}$$

$$t_i^{LEV} + c_{ij}^k - t_j^{ARV} + [1 - x_{ij}^k] M \geqslant 0, \ i \in P^{CR} \cup P, \ j \in P, \ k \in K \tag{5.15}$$

$$t_i^{LEV} + c_{ij}^k - t_j^{ARV} - [1 - x_{ij}^k] M \leqslant 0, \ i \in P^{CR} \cup P, \ j \in P, \ k \in K \tag{5.16}$$

$$t_{0k}^{LEV} + c_{0j}^k - t_j^{ARV} + [1 - x_{0j}^k] M \geqslant 0, \ j \in P, \ k \in K \tag{5.17}$$

$$t_{0k}^{LEV}+c_{0j}^{k}-t_{j}^{ARV}-\left[1-x_{0j}^{k}\right]M\leqslant 0,\ j\in P,\ k\in K \tag{5.18}$$

$$t_{i}^{LEV}+c_{i0}^{k}-t_{0k}^{ARV}+\left[1-x_{i0}^{k}\right]M\geqslant 0,\ i\in P^{CR}\cup P,\ k\in K \tag{5.19}$$

$$t_{i}^{LEV}+c_{i0}^{k}-t_{0k}^{ARV}-\left[1-x_{i0}^{k}\right]M\leqslant 0,\ i\in P^{CR}\cup P,\ k\in K \tag{5.20}$$

数学模型中的式（5.1）给出了问题求解的目标函数：最小化完成所有任务的总行驶时间。

约束条件（5.2）表示离开每个确定指派用户卸货点或者所有未确定指派用户取送货点的车辆只能有一个，并且只有一次。约束条件（5.3）表示只能有一辆车到达一个未确定指派用户取送货点，并且只有一次。约束条件（5.4）表示，对于每个未确定指派用户的取送货点 h，到达的车辆必须最终离开该点。约束条件（5.5）和约束条件（5.6）表示，车辆必须从车库或者确定指派用户的卸货点出发，到达某一未确定指派用户取货点，最后从某一未确定指派用户卸货点返回车库或者从确定指派用户的卸货点直接返回车库。车辆返回车库后不允许再次出发。约束条件（5.7）表示一个未确定指派用户的取货点 i 和其对应的卸货点 $n+i$ 必须被同一辆车访问。约束条件（5.8）指定 x_{ij}^{k} 为 0、1 整数值。当车辆 k 从点 i 出发前往点 j 时，x_{ij}^{k} 取值为 1；否则取值为 0。

约束条件（5.9）表示所有任务的执行必须满足硬时间窗口约束，即车辆到达任务取送货点的时间要落在其允许的时间窗口内。约束条件（5.10）表示对于确定指派用户卸货点或者未确定指派用户取送货点 i 来说，车辆的离开时间 t_{i}^{LEV} 必须大于车辆到达时间与服务时间的和，即大于 $t_{i}^{ARV}+S_{i}$。约束条件（5.11）表示次序约束，即未确定指派用户的取货点必须在其卸货点前被访问。约束条件（5.12）表示车辆从确定指派用户卸货点离开的时间要大于当前时间。约束条件（5.13）表示车辆必须在规定的时间内返回车库。约束条件（5.14）表示车辆从车库出发去执行未确定指派用户任务的时间要大于当前时间。

约束条件（5.15）和约束条件（5.16）表示当车辆 k 从点 i 前往点 j 时，车辆 k 到达点 j 的时间等于离开点 i 的时间加上从点 i 到点 j 的行驶时间；约束条件（5.17）和约束条件（5.18）表示当车辆 k 从车库出发前往点 j 时，到达点 j 的时间等于离开车库的时间加上从车库到点 j 的行驶时间；约束条件（5.19）和约束条件（5.20）表示车辆 k 完成所有任务返回车库时，到达车库的时间等于从用户的卸货点出发的时间加上从任务卸货点到车库的行驶时间。

第三节 求解算法

在分析列生成算法求解过程的基础上，根据研究的问题，本章给出了一种混合列生成算法来求解动态取送货车辆调度问题。求解该问题的主要思路是：基于滚动时域策略，求解一系列的静态问题。

一、列生成算法原理

列生成算法（Column Generation）是一种被广泛应用的求解大规模线性规划模型和整数规划问题的线性规划松弛模型的有效方法。

采用列生成算法处理大规模线性规划模型的两个主要障碍是：①列的数目呈指数增长，而由于计算机硬件的限制，导致没有足够的空间存储所有的列；②找不到一个有效的算法能够生成所有的列。我们知道，在线性规划中，最优解中基变量的个数不可能超过约束的数量，因此，对于大量非基变量所对应的列，没有必要明确的求出和保存。基于最优解中基变量个数不可能超过约束数，列生成算法通过列举一定数量的列来求得问题的解。

列生成算法的基本原理是在求解过程中将一个大规模问题分解为一个主问题（Master Problem，MP）和一个子问题（Sub Problem，SP），在主问题求解时避免考虑所有的决策变量，而只考虑有限的决策变量，所需决策变量由子问题产生。例如，对一个包含很多变量的线性规划问题，只对主问题决策变量集 X 的一个子集 X' 生成的问题进行求解，该问题也常常被称为受限主问题（Restricted Master Problem，RMP）。一旦得到受限主问题的解，需要确定是否在变量集合 X/X' 中存在其他变量，可以使受限主问题的解得到进一步改进。根据线性规划对偶理论，对一个极小优化问题而言，只有检验数小于 0 的变量才能作为候选变量添加到受限主问题中。单纯形法正是通过验证变量的检验数来确定哪个变量将作为进基变量。同理，这个思想也可以作为产生新变量的验证条件。列生成算法的基本思想正是通过对子问题求解，得到可以满足检验数小于 0 的新变量的系数列向量 $\alpha = \{\alpha_1, \alpha_1, \cdots, \alpha_z\}^T$，即 $c_\alpha - \sum_{i=1}^{z} \pi_i \alpha_i < 0$。其中，$c_\alpha$ 为列 α 在目标函数中的成本系数，π_i 为受限主问题中第 i 个约束的影子价格。如果子问题中不存在这样的列，受限主问题的解即主问题的最优解。从理论上来讲，需要生成所有的列才能得到主问题的最优解。幸运的是，在实际情况中，这种极端情况很少发生。

图 5.2 给出了列生成算法的基本过程。

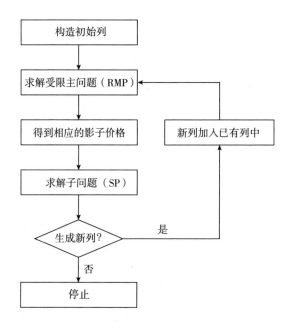

图 5.2　列生成算法的基本过程

二、混合列生成算法

为了能够利用列生成算法求解动态取送货车辆调度问题，本章对列生成算法进行了改进，使之能够求解动态问题。本章求解动态取送货车辆调度问题的策略是滚动时域策略，将整个服务周期划分为多个决策时段，通过求解一系列静态问题得到动态问题的解。

本书将整个服务周期划分为 L 个决策时段，定义每个决策时段的开始时刻为 t_l，每个决策时段的时间长度为 Δ，则决策时刻 $t_l = (l-1)\Delta$，$l = 1$，2，$\cdots$，L。在每一个决策时刻 t_l，求解当前时刻所有已知信息构成的静态问题。

定义静态问题的求解时间为 γ，则在时刻 $t_l + \gamma$ 得到静态问题的解。如图

5.3 所示，得到的解在时间段 $[t_{l-1}+\gamma,\ t_l+\gamma]$ 内执行。

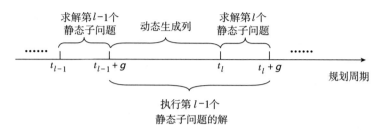

图5.3 混合列生成算法求解过程

（一）集合分割主问题

每个决策点 t_l 的静态问题是一个带时间窗口约束取送货车辆调度问题。该类问题属于 NP-hard 问题，难以在短时间内得到问题的最优解。因此，求解目标是在规定的时间内尽快地找到一个满意解。

在决策时刻 t_l，定义所有未完成用户集合为 N_l，车辆集合为 K_l。设 R_k 为车辆 k 所有可能的车辆路径调度方案，每个路径调度方案都满足时间窗口约束和顺序约束。则所有车辆的可能路径调度方案 R 为：

$$R=\bigcup_{k\in K_l}R_k \tag{5.21}$$

空间上，每条路径从车辆集合 K_l 中对应车辆的初始位置出发，终止于车库。时间上，这些路径开始于时刻 $t_l+\gamma$，终止于车辆返回车库的时刻。定义 f_r 为路径 $r\in R$ 的目标函数，这里即路径 r 的总行驶距离。对任一用户 $j\in N_l$，如果路径 r 中包含该用户，则 $a_{jr}=1$，否则 $a_{jr}=0$。对于任一路径 $r\in R$，定义 0-1 决策变量 x_r 如下：

$$x_r = \begin{cases} 1 & \text{如果路径 } r \text{ 在最终解中} \\ 0 & \text{其他} \end{cases}$$

那么，决策点 t_l 的集合分割主问题（Set Partitioning Master Problem）记作 $SPMP_l$）可以构造为：

$$\min Z = \sum_{k \in K_l} \sum_{r \in R_k} f_r x_r \tag{5.22}$$

s. t.

$$\sum_{k \in K_l} \sum_{r \in R_k} a_{jr} x_r = 1, \ j \in N_l \tag{5.23}$$

$$\sum_{r \in R_k} x_r \leqslant 1, \ k \in K_l \tag{5.24}$$

$$x_r = \{0, 1\}, \ r \in R \tag{5.25}$$

目标是找到给定路径集合 R 中的一组路径子集，使所选路径的总成本最小。约束条件（5.23）保证每个用户只能由一辆车来执行；约束条件（5.25）保证每辆车至多有一条调度路径。

在每个决策点 t_l，调用成熟的混合整数规划软件 CPLEX 求解集合分割主问题 $SPMP_l$。基于该模型的特殊结构（约束矩阵中的元素只有 0 和 1，并且每列的非 0 元素也很少），一个具有 10000 列、100 行的问题可以在很短的时间求解。到时刻 $t_l+\gamma$，得到一个最优解（至少是一个次优解），记为 S_l。由 S_l 表示的调度方案从 $t_l+\gamma$ 时刻开始执行，直至得到一个新的调度方案的时刻 $t_{l+1}+\gamma$。

决策点 t_l 的集合分割主问题 $SPMP_l$ 中的列（子路径）将在时间段 $[t_{l-1}+\gamma, t_l]$ 内动态生成。下面将详细描述 $SPMP_l$ 中所用到的列（子路径）的生成。

（二）列的动态生成

定义 F_{l-1}（$F_{l-1} \subset N_{l-1}$）为在时间段 $[t_{l-1}+\gamma, t_l+\gamma]$ 内完成的任务集合，

N_{l-1}^{new} 为在时间段 $[t_{l-1}, t_l]$ 内到达的新任务。则决策时刻 t_l 的静态问题中考虑的任务集合 N_l 可以表示为：

$$N_l = (N_{l-1}/F_{l-1}) \cup N_{l-1}^{new} \tag{5.26}$$

在时刻 $t_{l-1}+\gamma$ 得到集合分割主问题 $SPMP_{l-1}$ 的解 S_{l-1} 时，就确定了车辆集合 K_l 中每辆车在 $t_{l-1}+\gamma$ 时刻的位置信息。因此，在时间区间 $[t_{l-1}+\gamma, t_l]$ 内，所有可用车辆的信息都是已知的。在时刻 $t_{l-1}+\gamma$，任务集 N_{l-1}/F_{l-1} 中的所有用户都已到达，因此在整个时间区间 $[t_{l-1}+\gamma, t_l]$ 内都是已知的。另一部分用户集合 N_{l-1}^{NEW}，在时间区间 $[t_{l-1}, t_l]$ 内不断到达，在每个时间点 $t \in [t_{l-1}+\gamma, t_l]$，只知道其中的一部分。因此，在列生成算法的每次迭代过程中，仅仅考虑集合 N_{l-1}/F_{l-1} 中的所有任务以及集合 N_{l-1}^{NEW} 中在迭代时刻已经到达的用户。

在本章的列生成算法中，根据不同的情况，提出了两种动态生成列（子路径，下面通称为列）的方法：一是在已存在的列中插入用户或者从已有的列中删除用户，构造新的列；二是针对每一个新用户，构造单用户列，即从车库中派遣车辆执行新的取送货任务。车辆从车库出发，到达用户的取货点取货，然后运送到卸货点卸货，最后返回车库。

基于列生成算法的基本思想，本章动态生成列的思路是：根据上一决策时段 $[t_{l-1}, t_{l-1}+\gamma]$ 得到的列，构造决策时段 $[t_l, t_l+\gamma]$ 初始列；构造一个列取值范围为初始列的受限集合分割主问题；求解受限集合分割主问题的线性松弛问题，得到相应的影子价格；根据得到的影子价格，采用快速局部搜索算法构造新的列；然后根据生成的列重新构造受限集合分割主问题并求解。求解构造的受限集合分割主问题与快速局部搜索算法构造列交替进行，直到找到 $[t_l, t_l+\gamma]$ 时段内集合分割主问题 $SPMP_l$ 的线性松弛模型的优化解。

得到初始列 R^0 后，集合分割主问题 $SPMP_l$ 中列的动态生成步骤是：

步骤1：定义时间变量 $t_1 = t_2 = t_{l-1}$；定义所有当前列集合 $\hat{R} = R^0$，所有当前未服务用户集合 $\hat{N} = N^0$。

步骤2：构造列取值范围为 $\hat{R}$、用户任务集合为 $\hat{N}$ 的集合分割问题 $SPMP$ 并求解其线性松弛问题 $LSPMP$，得到用户 $j \in \hat{N}$ 的影子价格 π_j，及车辆 $k \in K_{l-1}^1$ 的影子价格 σ_k。

步骤3：基于影子价格，采用局部搜索算法对未服务用户集合 N^0 中的用户构造新的列 R'。

步骤4：令 $t_2 = t$，其中 t 表示当前时刻。

步骤5：对时间段 $[t_1, t_2]$ 内到达的新用户集合 N^{NEW} 中的用户构造新列 R''。

步骤6：令 $\hat{R} = \hat{R} \cup R' \cup R''$，$\hat{N} = \hat{N} \cup N^{NEW}$。

步骤7：若当前时刻 $t < t_l$，令 $t_1 = t$，转步骤1；否则转下一步。

步骤8：输出生成的所有列 $\hat{R}$。

整个过程中涉及两个重要的环节：对已有用户构造新列及对新到达的用户构造新列。

1. 对已有用户（集合 $\hat{N}$ 中的用户）构造新列

设线性松弛主问题 LSPMP 得到最优列（最优路径）集合为 $R^* = \{r_1, r_2, \cdots, r_{K^*}\}$。定义 N_r 为最优列集合 R^* 中每一列的用户数量。对已有用户构造新列的思路是对最优列进行修改，找到满足检验数小于0的列。

对最优列进行修改的方法有两种：一种是向所有列中添加未完成的但不属于该列的用户，找到插入其他用户后检验数小于0的列，将其加入列集合中；另一种是从最优列中删除一个用户，判断其检验数，当检验数小于0时，将该新列加入列集合中。终止条件是生成的列数量达到给定的值。下面给出了详细的列生成步骤：

步骤 1：$s=1$；$R'=\varnothing$。

步骤 2：选择列 $r_s \in R^*$，其中的用户集合为 N_{r_s}。

步骤 3：任选一用户 $j \in \hat{N}/N_{r_s}$，找到将该用户插到列 r_s 中所有可行位置生成的列。

步骤 4：采用 Or-opt 交换和 2-opt* 交换对生成的列进行改进。

步骤 5：找到插入用户 j 后附加成本最小的列 r_s^j，记其成本为 $f_{r_s}^j$。

步骤 6：选择 $f_{r_s}^p - \pi_p$ 最小的用户 $p \in \hat{N}/N_{r_s}$ 所在的列 r_p，其中 π_p 为用户 p 在 $LSPMP$ 中的影子价格。

步骤 7：如果 $f_{r_s}^p - \pi_p - \sum_{i \in N_{r_s}} \pi_i < 0$，即插入用户 p 后列 r_p 的检验数小于 0，则将该列插入列集合中，$R'=R' \cup \{r_p\}$；令 $r_s=r_p$，转步骤 3；否则转下一步。

步骤 8：任选一用户 $j \in N_{r_s}$，将其从列 r_s 中删除。

步骤 9：采用 Or-opt 交换和 2-opt* 交换对删除用户后的列进行改进。

步骤 10：找到删除一个用户后总成本最小的路径 r_s^j，记总成本为 $f_{r_s}^j$。

步骤 11：选择 $f_{r_s}^q + \pi_q$ 最大的用户 $q \in N_{r_s}$ 所在的列 r_q，其中 π_q 为用户 q 在 $LSPMP$ 中的影子价格。

步骤 12：如果 $f_{r_s}^q + \pi_q - \sum_{i \in N_{r_s}} \pi_i < 0$，即删除用户 q 后列 r_q 的检验数小于 0，则将该列插入列集合中，$R'=R' \cup \{r_q\}$。

步骤 13：如果删除用户 q 后 r_s 中的用户集合不为空，令 $r_s=r_q$，转步骤 8；否则转下一步。

步骤 14：如果列集合 R' 中的列数量超过给定值，停止；否则 $s=s+1$，转步骤 2。

2. 对新到达的用户构造新列

对新到达用户构造新列的思路是：首先，对每一用户构造一个单用户列，即车辆从车库出发，到用户的取货点收取货物，运送到卸货点卸货，然后返回车库所表示的一个列。其次，将新到达的用户插入 *LSPMP* 问题得到最优列中，构造新列。对新到达用户生成列的详细步骤如下：

步骤 1：令 $R''=\varnothing$；新到达的用户集合 N^{NEW}，令 $N=N^{NEW}$。

步骤 2：选择一用户 $j \in N$，构造一个单用户列。单用户列的构造方法是：在 $t_l+\gamma$ 时刻，一车辆从车库出发，执行用户 j 的任务，最后返回车库。定义新用户 j 的单用户列为 r_j。

步骤 3：$R''=R'' \cup \{r_j\}$。

步骤 4：将用户 j 插入 *LSPMP* 问题得到的最优列 R^* 中。

步骤 5：采用 Or-opt 交换和 2-opt* 交换对生成的列进行改进。

步骤 6：找到插入用户 j 后附加成本最小的列 r'_j。

步骤 7：$R''=R'' \cup \{r'_j\}$。

步骤 8：$N=N/\{j\}$。

步骤 9：如果 $N=\varnothing$，停止；否则转步骤 2。

第四节　计算实例分析

本章所提出的算法采用了 Visual C++6.0 在 Pentium4、1.6G CPU、256M RAM 配置的微机上进行了实现。本节后续部分将介绍测试数据生成策略及具体的实例计算结果。

一、测试算例

为了测试本章提出算法的性能，设计了不同问题规模的测试实例。根据用户数目的不同，设计了四种问题规模的算例，用户规模分别是 100 个用户、300 个用户、500 个用户和 1000 个用户。每种问题规模设计了 10 个算例，共 40 个测试算例。在所有的测试算例中，服务周期为 10 小时。服务区域为 60 千米×60 千米。车辆的行驶速度为 60 千米/小时，行驶 1 千米的时间为 1 分钟，因此车辆在用户取送货点间的行驶时间（以分钟表示）就等同于其相应的行驶距离，即车辆的行驶时间与行驶距离可以互换。在服务周期内，用户的到达服从泊松分布。

假设在服务周期的开始时间，没有已经到达的用户，即所有的用户都是实时到达的。基于两个大中型快递公司的实际历史数据，定义用户取送货点的时间窗口长度从区间 [2，4] 中按均匀分布选取，单位为小时。用户的取送货点位置均匀地分布于整个服务区域内。定义车辆在用户取货点的最早取货时间为用户到达的时间。这样的设置可以保证位于任何位置的车辆都可以在用户规定的时间窗口内服务该用户。

为了完成服务周期内出现的所有用户任务，假定位于车库的车辆是无限的。定义不同问题规模下的初始车辆数目分别为：20 辆车对应 100 个用户、40 辆车对应 300 个用户、60 辆车对应 500 个用户和 80 辆车对应 1000 个用户。车库位于整个服务区域的中心，位置坐标为（30 千米，30 千米）。

设定滚动时域长度为 30 分钟，即 $\Delta = 30$，则整个服务周期被划分为 $600 \div 30 = 20$ 个决策时段，即 $L = 20$；设定求解每个决策时段静态问题的计算时间为 3 分钟，即 $\gamma = 3$。

二、计算结果及分析

（一）与其他算法的性能对比

1. 对比方法

为了验证提出混合列生成算法（Hybrid Column Generation，HCG）的性能，下面将其与以下启发式算法进行了对比。

（1）最优插入启发式算法（Optimal Insertion，OI）。基本思路是：从上一决策时段的车辆调度路径中删除已完成的用户任务，然后按照最优插入原则，将当前决策时段内到达的新用户任务插入上一决策时段得到的车辆调度路径中。在选择插入位置时，首先，选择用户取货点的最佳插入位置，这里采用的是最邻近插入位置，即插入成本最小的位置。其次，更新插入用户取货点后的车辆路径中其他取送货点的取送货时间。最后，根据更新后的车辆路径，再选择最佳的插入位置，将用户的卸货点插入。

（2）构造式插入启发式算法（Construct Insertion，CI）。基本思路是：在当前决策时刻，根据当前时段已知的未服务用户任务及车辆状态，按照最优插入规则，重新构造新的车辆调度路径。

（3）混合禁忌搜索算法（Hybrid Tabu Search，HTS）。基本思路是：首先，采用最优插入启发式算法将当前时段新到达的用户任务插入已有的车辆路径中。其次，采用禁忌搜索算法对插入新用户任务的车辆路径进行优化，其中的邻域生成算子采用 Or-opt 交换和 2-opt* 交换。

表 5.1 给出了不同用户规模下四种算法的计算结果。表中的总时间及所用的车辆数都是每种用户规模下 10 个测试算例的平均值。

表5.1 不同用户规模下不同算法的计算结果

测试实例		OI	CI	HTS	HCG
100 个用户任务	总时间（分钟）	3021.48	2922.78	2755.70	2746.51
	车辆数	19.6	19.4	19.0	18.9
300 个用户任务	总时间（分钟）	7018.95	6882.03	6315.72	6296.49
	车辆数	37.9	37.2	34.9	34.2
500 个用户任务	总时间（分钟）	10643.41	10455.30	9194.28	9107.89
	车辆数	58.1	56.7	54.0	53.6
1000 个用户任务	总时间（分钟）	18888.27	18254.55	16336.91	16180.51
	车辆数	77.2	76.6	72.3	71.7

2. 对比结论

从四种算法的计算结果可以看出：

（1）HTS 算法与 HCG 算法的计算结果明显优于 OI 算法和 CI 算法的计算结果。说明仅仅采用插入算法构造的解的质量不高，需要采用一定的优化算法对插入算法构造的解进行改进。

（2）在所有不同的用户规模下，HCG 算法的计算结果都优于 HTS 算法，体现出本章算法的有效性。但从结果来看，两种算法计算结果的差距不大，表明 HTS 算法在求解动态问题中也具有良好的性能，而 HTS 算法是滚动时域两阶段算法对插入过程的修改，因此也进一步验证了第三章提出的滚动时域两阶段算法的有效性。

（二）滚动时域策略中不同参数的敏感性分析

本章提出的滚动时域混合列生成算法中涉及两个性能参数：决策时段的长度 Δ 及每个决策时段静态问题的求解时间 γ。下面将分析这两个参数对计算结果的影响。

表5.2 给出了静态问题的求解时间 γ 取默认值 3 分钟时，不同决策时段

长度 Δ 下 HCG 算法的计算结果，决策时段长度 Δ 的单位为分钟。

表 5.2　参数 Δ 的敏感性分析

测试实例		$\Delta = 10$	$\Delta = 30$	$\Delta = 50$
100 个 用户任务	总时间（分钟）	2785.48	2746.51	2735.70
	车辆数	19.1	18.9	18.9
300 个 用户任务	总时间（分钟）	6418.95	6296.49	6315.72
	车辆数	35.86	34.2	34.4
500 个 用户任务	总时间（分钟）	9243.41	9107.89	9114.28
	车辆数	55.1	53.6	53.9
1000 个 用户任务	总时间（分钟）	16358.27	16180.51	16256.91
	车辆数	73.2	71.7	72.3

从计算结果可以看出，当参数 Δ 的值从 10 分钟增加到 30 分钟时，在所有用户规模中，总行驶时间及车辆数都减少了。但当 Δ 值从 30 分钟增加到 50 分钟时，除了 100 个用户规模的测试实例中总行驶时间减少外，另外三类用户规模的测试实例中，总行驶时间都增加了。因为，当 Δ 值太大时，在每个决策时段考虑了比较多的用户数量，难以生成足够多的列，导致算法性能下降。

表 5.3 给出了决策时段长度取 30 分钟时，不同静态问题求解时间 γ 下 HCG 算法的计算结果，求解时间 γ 的单位为分钟。

表 5.3　参数 γ 的敏感性分析

测试实例		$\gamma = 2$	$\gamma = 3$	$\gamma = 4$
100 个 用户任务	总时间（分钟）	2747.48	2746.51	2744.70
	车辆数	19.0	18.9	18.9
300 个 用户任务	总时间（分钟）	6298.95	6286.49	6294.72
	车辆数	34.3	34.2	34.3

续表

测试实例		$\gamma = 2$	$\gamma = 3$	$\gamma = 4$
500 个 用户任务	总时间（分钟）	9128.41	9117.89	9101.28
	车辆数	53.7	53.6	53.5
1000 个 用户任务	总时间（分钟）	16218.27	16180.51	16196.91
	车辆数	72.2	71.7	72.0

从计算结果可以看出，不同 γ 值下 HCG 算法的计算结果相差不大，这主要是因为本章测试的 γ 值都比较大，在给定的时间内都能够得到每个静态问题的近似最优解。如果 γ 值设置得太小，如只有几秒，则不能在这段时间内得到静态问题的解，这种情况将导致算法性能的下降。

第六章

应急物流配送动态
整车运输车辆调度

本章研究一类特殊的动态取送货车辆调度问题——车辆从用户取货点取货后直接行驶到其收货点卸货的整车运输问题。第一节对动态整车运输车辆调度问题进行描述，给出了任务类型，并详细分析了任务的时间窗口特征；第二节在对问题进行数学描述的基础上给出了问题求解的数学模型；第三节给出了不同任务类型的接受策略及求解算法；第四节给出了计算实例，对模型及算法的性能进行验证。

第一节　应急物流配送动态整车
运输车辆调度问题

一、问题描述

动态整车运输车辆调度问题可以表述为：车辆到达用户的取货点收取货物，然后运送到收货点卸货。在动态整车运输车辆调度问题中，一旦车辆开始服务某用户，把货物运到该用户的目的地为止，中间不允许服务别的用户。图 6.1 示例了整车运输过程的典型解。

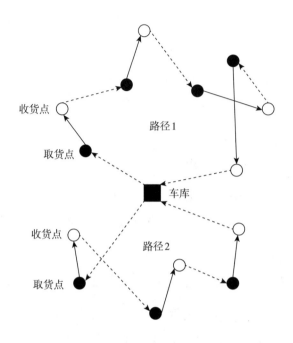

图 6.1 整车运输过程的典型解

图 6.1 中的典型解中包含路径 1 和路径 2 两条路径。图中的实心方块代表车库，实心圆圈代表取货点，空心圆圈代表收货点，取货点和收货点的对应关系在图中已注明。实线表示的是车辆在用户的取货点和收货点之间的负载行驶路程，虚线表示的则是车辆的空车行驶路程。

在动态整车运输车辆调度问题中，运货任务在配送中心的服务周期内不断到达。每个运货任务都具有一定的时间窗口，要求配送中心在相应的时间窗口内完成运送任务。在运货任务到达配送中心前，配送中心对运货任务的取货点、收货点及相应的时间窗口一无所知。对每一个到达的运货任务，首先要根据当前所有车辆的具体情况，判断是否能够接受该任务。如果接受，就要对车辆的调度方案进行调整，在包含新任务的情况下制订新的车辆调度方案，即在什么时间、用哪辆车在新接受任务的时间窗口内执行该任务。目的是在保证服务质量的情况下获得最大的收益。

二、问题的界定

为了明确本章研究的动态整车运输车辆调度问题，首先对该问题进行了界定：

（1）随着时间的推移，新的运货任务不断到达。在新任务到达之前，不能预测其取送货点位置及时间窗口，只有在其提出服务请求时才可知。

（2）所有任务都是整车运输。当收取一个货物后，必须将该货物送达收货点后才能去执行其他的取送货任务。

（3）车辆数量是固定的。实时任务的到达率较高，超出了所有车辆的服务能力，有一部分任务将被拒绝服务。

（4）所有车辆都安装了 GPS 全球定位系统及无线通信设备。车辆调度中心通过 GPS 定位技术和无线通信技术，可以实时地获取车辆的所有信息（如车辆的位置信息），并向车辆传递新的调度方案，实现对所有车辆的实时控制；车辆以固定的速度行驶，不考虑由于堵车或者事故引起的行驶时间的变化。

（5）车辆驾驶员在服务完一个用户之后必须和车辆调度中心联系以确定它的下一个服务的用户的信息；如果车辆在服务完所有分配的用户后，没有新分配的用户出现，那么车辆在原地等待直到分配新的用户，或者等到工作时间结束后返回车库。

（6）根据当前的调度方案，车辆到达下一个任务的取货点需要等待时，要求车辆在当前任务的收货点等待，这样可以增加车辆服务其他任务的可能性。

三、任务类型

根据用户的不同需求，实时到达的任务可分为两种：

其一，加急任务。这类用户的运货需求很紧急，希望自己的运货任务能够在较短的时间内完成，任务具有较窄的时间窗口。为了得到快速的服务，愿意支付高额的运货费用。

其二，普通任务。这类用户的运货需求不紧急，不愿意支付高昂的加急运货费用，只要在合理的时间范围内将货物从指定的取货点运送到收货点即可。

在动态整车运输车辆调度问题中，假设任务的到达时间即为任务取货点的最早允许取货时间。为了表示不同的任务类型，本章为两种任务定义了不同的时间窗口：定义紧急任务具有较窄的时间窗口，普通任务具有较宽的时间窗口。

四、时间窗口

在本章研究的问题中，假设所有任务的时间窗口都为硬时间窗口。一个取送任务 i 的时间窗口包含四个部分：最早允许取货时间 EPT_i、最迟允许取货时间 LPT_i、最早允许卸货时间 EDT_i 和最迟允许卸货时间 LDT_i，则在任务 i 取货点 O_i 的允许取货时间为 $[EPT_i, LPT_i]$，在收货点 D_i 的允许卸货时间为 $[EDT_i, LDT_i]$。在本章中假定车辆的行驶速度是固定的，设车辆从任务 i 的取货点 O_i 到卸货点 D_i 的行驶时间为 $t_{O_iD_i}$。一旦获知任务 i 的取货时间，即可确定其收货点的卸货时间。因此，本章只考虑每个任务的取货时间窗口。

为了保证车辆在任务 i 的取货点 O_i 取货后，能够在对应的收货点 D_i 的允许时间窗口内到达收货点卸货，需要综合考虑收货点 D_i 的允许时间窗口 $[EDT_i, LDT_i]$ 及取送货点间的行驶时间 $t_{O_i D_i}$，确定最佳的取货时间窗口 $[EPT'_i, LPT'_i]$。这里假定所有的任务能够在给定的时间窗口内完成，不考虑无法完成的情况，即不考虑在任务 i 的取货点 O_i 时间窗口内的任一时刻取货后都不能在卸货点 D_i 的时间窗口内到达收货点的情况。下面分四种情况进行讨论：

其一，当 $EPT_i \geqslant EDT_i - t_{O_i D_i}$，$LPT_i \leqslant LDT_i - t_{O_i D_i}$ 时，如图 6.2 所示，车辆在取货点的时间窗口内任何时间取货，都能够在收货点的时间窗口内到达，则最佳的取货时间窗口为其本身的时间窗口，即 $[EPT'_i, LPT'_i] = [EPT_i, LPT_i]$。

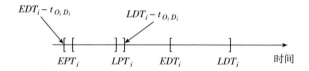

图 6.2 $EPT_i \geqslant EDT_i - t_{O_i D_i}$，$LPT_i \leqslant LDT_i - t_{O_i D_i}$ 时的最佳取货时间窗口

其二，当 $EPT_i \geqslant EDT_i - t_{O_i D_i}$，$LPT_i > LDT_i - t_{O_i D_i}$ 时，如图 6.3 所示，在取货点的最迟取货时间 LPT_i 收取货物运送到收货点时，已超过了收货点的最迟收货时间，因此最迟取货时间必须提前，最佳的最迟取货时间为 $LDT_i - t_{O_i D_i}$。这时，最佳的取货时间窗口为 $[EPT'_i, LPT'_i] = [EPT_i, LDT_i - t_{O_i D_i}]$。

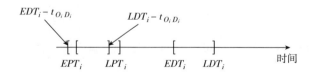

图 6.3 $EPT_i \geqslant EDT_i - t_{O_i D_i}$，$LPT_i > LDT_i - t_{O_i D_i}$ 时的最佳取货时间窗口

其三，当 $EPT_i < EDT_i - t_{O_iD_i}$，$LPT_i \leqslant LDT_i - t_{O_iD_i}$ 时，如图 6.4 所示，在取货点的最早取货时间 EPT_i 取货后，到达收货点时早于其允许的最早卸货时间。为了保证取货后到达收货点时满足其时间窗口约束，必须推迟车辆在用户取货点的最早取货时间为 $EDT_i - t_{O_iD_i}$。则此时的最佳取货时间窗口为 $\left[EPT'_i, LPT'_i \right] = \left[EDT_i - t_{O_iD_i}, LPT_i \right]$。

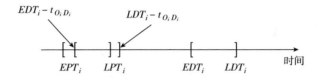

图 6.4　$EPT_i < EDT_i - t_{O_iD_i}$，$LPT_i \leqslant LDT_i - t_{O_iD_i}$ 时的最佳取货时间窗口

其四，当 $EPT_i < EDT_i - t_{O_iD_i}$，$LPT_i > LDT_i - t_{O_iD_i}$ 时，如图 6.5 所示，为了保证到达收货点后能够满足其硬时间窗口约束，就需要延迟最早取货时间，提早最迟取货时间。这时最佳的取货时间窗口为 $\left[EPT'_i, LPT'_i \right] = \left[EDT_i - t_{O_iD_i}, LDT_i - t_{O_iD_i} \right]$。

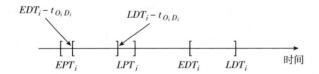

图 6.5　$EPT_i < EDT_i - t_{O_iD_i}$，$LPT_i > LDT_i - t_{O_iD_i}$ 时的最佳取货时间窗口

基于以上分析，综合考虑任务 i 的取卸货时间窗口约束条件下，任务 i 的最佳取货时间窗口为：

$$[EPT'_i, LPT'_i] = [\max\{EPT_i, EDT_i - t_{O_iD_i}\}, \min\{LPT_i, LDT_i - t_{O_iD_i}\}]$$

$$(6.1)$$

第二节 数学描述及模型构建

一、数学描述

在服务周期 $[0, H]$ 内，运货任务动态地到达。定义第 i 个任务的到达时间为 t_i^{ARV} $(i=1, \cdots, N)$ $(t_i^{ARV}<H)$，其中 N 表示在服务周期 $[0, H]$ 内到达的总任务数量。在到达时刻 t_i^{ARV}，物流公司获得新任务 i 的基本信息，包括取货点位置 O_i、收货点位置 D_i 和时间窗口 $[EPT'_i, LPT'_i]$ 等。

在一个策略 π 下，t 时刻具有 K 辆车的状态可以描述为：每辆车具有一组属性，定义为一个向量 Γ_k^π，包含策略 π 下车辆 k 的当前位置 LOC_k^π 和状态 STA_k^π，其中 STA_k^π 包含三种状态：①负载行驶（取值+1）；②空载行驶（向下一个任务的取货点行进，取值为0）；③空闲状态（取值-1）。定义车辆 k 任务队列中任务数量为 $|QUE_j^{k,\pi}|$，$QUE_j^{k,\pi}$ 为车辆 k 的任务队列中的第 j 个任务，则策略 π 确定的调度路线中车辆 k 的调度路径 QUE_k^π 定义为：$\{QUE_1^{k,\pi}, QUE_2^{k,\pi}, \cdots, QUE_j^{k,\pi}\}$。所有车辆的调度路径就可以表示为向量 $QUE^\pi = \{QUE_1^\pi, QUE_2^\pi, \cdots, QUE_k^\pi, \cdots, QUE_K^\pi\}$。那么，用 $\Gamma^\pi = \{\Gamma_1^\pi, \Gamma_2^\pi, \cdots, \Gamma_k^\pi, \cdots, \Gamma_K^\pi\}$ 和 QUE^π 就能够完整地描述策略 π 下系统在 t 时刻的动态。

二、目标函数

在一般的静态确定性整车运输车辆调度问题中，所有的数据都是已知的并且不随时间的推移而发生改变，计算结果的评估准则非常明显。如果能够服务所有的任务，求解目标就是在满足所有约束情况下最小化运行成本。如果不能服务所有的任务，可以通过松弛约束来接受所有的任务，这时就要考虑到拒绝成本和惩罚费用。

在一个动态的环境中，车辆调度目标依赖于具体的应用，最小化总成本仍然是一种比较合适的评估准则。但是，当不能保证在服务周期内服务所有的任务时，利润最大化将是一个更加合理的目标。因此，在本章研究的问题中，目标是在满足服务质量要求情况下获得最大化收益，使从服务周期 $[0, H]$ 内接受的任务中获得最大的利润。

定义一个决策变量 A_i。当到达一个新任务 i 时，如果不能为其提供服务，则 A_i 取值为1；否则，取值为0。

$$A_i = \begin{cases} 1 & 接受任务\ i \\ 0 & 拒绝任务\ i \end{cases} \tag{6.2}$$

定义 TD_i 为服务任务 i 所行驶的总距离，包括车辆从车库到任务 i 的取货点的行驶距离，或者车辆从上一个任务的收货点到任务 i 的取货点的行驶距离，加上从任务 i 的取货点到收货点的运输距离。为了便于研究，假设车辆的单位距离的空驶成本与单位距离的负载行驶成本相等，这里设为 w。设执行任务 i 的空驶距离为 ED_i，负载行驶距离为 LD_i。则执行任务 i 的总成本 TC_i 为：

$$TC_i = wTD_i = w(ED_i + LD_i) \tag{6.3}$$

定义接受任务 i 的收入为 R_i。该收入等于任务 i 的负载行驶距离乘以相应的单价。即 $R_i = c \cdot LD_i$。那么，整个服务周期内的总收益（Profit, P）就定义为：

$$P = \sum_{i=1}^{N} A_i(R_i - TC_i) = \sum_{i=1}^{N} A_i[c \cdot LD_i - w \cdot (ED_i + LD_i)] \tag{6.4}$$

这里的总收益等于从接受的任务中得到的总收入减去执行这些任务的总成本。总成本包括车辆空载行驶成本和负载行驶成本。因此，研究的目标就是找到一个最优策略，最大化得到的总收益。即：

$$P^* = \max P = \max \sum_{i=1}^{N} A_i \big[cLD_i - w(ED_i + LD_i) \big] \tag{6.5}$$

三、数学模型

本章求解动态整车运输车辆调度问题的思路是：当到达一个新任务时，判断执行新任务的可行性；如果接受新任务，就要构造一个包含新任务的局部静态问题，制订新的车辆调度方案。

当确定了执行的任务后，就确定了所有任务的负载行驶距离，这样就确定了所有任务的负载行驶成本及从这些任务中得到的收入。这样，每个决策点局部静态问题最大化总收益的目标就转化为最小化执行已接受任务的总空驶成本。下面给出了每个决策点 t 问题求解的数学模型。

在时刻 t 具有 K 辆车和 N 个任务。由于是整车运输任务，因此将一个取送任务看作一个任务点，定义任务 i 的服务时间 S_i 为车辆从任务 i 的取货点到收货点的行驶时间加上取收货时间。

由于假设车辆以固定的速度行驶，因此模型中的时间和路程可以互换。定义车辆 k 从车库出发执行任务 i 的空驶成本，即空驶时间为 c_{0i}^k，车辆 k 从任务 i 的收货点 D_i 到任务 j 的取货点 O_j 的空驶成本为 c_{ij}^k。

定义三个决策变量：

$$x_{0i}^k = \begin{cases} 1 & \text{车辆 } k \text{ 从车库出发首先执行任务 } i \\ 0 & \text{反之} \end{cases}$$

$$x_{ij}^k = \begin{cases} 1 & \text{车辆 } k \text{ 执行完任务 } i \text{ 后立即执行任务 } j \\ 0 & \text{反之} \end{cases}$$

$$y_i^k = \begin{cases} 1 & \text{车辆 } k \text{ 执行任务 } i \\ 0 & \text{反之} \end{cases}$$

定义 δ_i 表示任务 i 的实际取货时间。给定决策点 t 的车辆状态，车辆 k 变为可用状态的时间为 t_0^k。优化目标是最小化完成当前时段所有未完成任务的总成本。则局部静态问题的数学模型为：

$$\min Z = \sum_{i=1}^{N} c_{0i}^k x_{0i}^k + \sum_{i=1}^{N} \sum_{j=1}^{N} \sum_{k=1}^{K} c_{ij}^k x_{ij}^k \tag{6.6}$$

s. t.

$$\sum_{k=1}^{K} y_i^k = \begin{cases} 1, & i \in \{1, 2, \cdots, N\} \\ K, & i = 0 \end{cases} \tag{6.7}$$

$$\sum_{j=1}^{N} x_{ij}^k = \sum_{j=1}^{N} x_{ji}^k = y_i^k, \ i \in \{0, 1, \cdots, N\}, \ k \in \{1, \cdots, K\} \tag{6.8}$$

$$x_{0i}^k \in \{0, 1\}, \ i \in \{1, 2, \cdots, N\}, \ k \in \{1, \cdots, K\} \tag{6.9}$$

$$x_{ij}^k \in \{0, 1\}; \ i, j \in \{0, 1, \cdots, N\}, \ k \in \{1, \cdots, K\} \tag{6.10}$$

$$y_i^k \in \{0, 1\}, \ i \in \{0, 1, \cdots, N\}, \ k \in \{1, \cdots, K\} \tag{6.11}$$

$$-\sum_{k=1}^{K} (c_{0i}^k + t_0^k) y_i^k + \delta_i \geqslant 0, \ i \in \{1, 2, \cdots, N\} \tag{6.12}$$

$$-M x_{ij}^k - \delta_i + \delta_j \geqslant -M + S_i + c_{ij}^k, \ i, j \in \{1, 2, \cdots, N\} \tag{6.13}$$

其中，M 是一个足够大的常数。

式（6.6）给出了问题求解的目标函数，最小化完成所有任务的总成本。总成本包括两部分：车辆从车库到任务取货点的空载行驶成本以及车辆从某个任务的收货点行驶到下一个任务的取货点的空载行驶成本。

约束条件（6.7）表示每个任务由一辆车完成，初始时刻位于车库中的车辆共有 K 辆。约束条件（6.8）为流守恒约束，即服务某用户的车辆在执行完任务后必须离开该用户。约束条件（6.9）、约束条件（6.10）和约束条件（6.11）为三个决策变量的取值约束。

约束条件（6.12）表示如果车辆 k 从车库出发执行任务 i，到达任务 i 的取货点的实际时间 δ_i 要大于等于车辆在车库变为可用状态的时刻加上从车库到任务 i 的取货点的行驶时间。

约束条件（6.13）表示如果车辆 k 完成任务 i 后立即执行任务 j，要保证到达任务 j 取货点的实际时间大于等于车辆 k 到达任务 i 取货点的时间、服务时间和从任务 i 的收货点到任务 j 的取货点的行驶时间之和。

第三节　求解算法

动态整车运输车辆调度问题中，在服务周期 $[0, H]$ 内，运货任务不断到达。当一个新任务到达后，要首先判断是否接受新任务。若接受新任务，就要为其规划调度方案，对已有调度方案进行调整。若不接受，则维持原有方案。其中涉及三个问题：任务接受策略、车辆调度方案的更新及方案的优化。

一、任务接受策略

基于 Papastavrou Rajagopalan 等（1996）和 Kleywegt（1998，2001）在背包问题和分配问题中提出的接受规则，提出了求解动态整车运输车辆调度问题的任务接受策略。

在一个新任务 i 的到达时刻 $t = t_i^{ARV}$，策略 π 下车辆的位置和状态表示为 Γ^π，调运方案为 QUE^π。当接受新任务 i 后，令 $\overline{QUE^\pi}$ 表示调整后的车辆调度方案。在忽略了调整车辆调度方案的求解时间时，两种方案中车辆的位置和状态不变。

如果接受了任务 i，在给定的系统状态，即车辆状态和位置以及包含新任务 j 的车辆调度方案下，总收益由时间区间 $\left[t_i^{ARV}, H\right]$ 内可能到达的任务来估计（不包含任务 i）。假设在服务周期 $\left[t_i^{ARV}, H\right]$ 内到达的任务数量为 N'，则总收益期望表示为：

$$E\Big[\sum_{j=1}^{N'} A_j(c \cdot LD_j - w \cdot (ED_j + LD_j)) \,\big|\, \Gamma^\pi, \overline{QUE^\pi}\Big] \tag{6.14}$$

反之，若拒绝了任务 i，系统的状态保持不变，总收益期望表示为：

$$E\Big[\sum_{j=1}^{N'} A_j(c \cdot LD_j - w \cdot (ED_j + LD_j)) \,\big|\, \Gamma^\pi, QUE^\pi\Big] \tag{6.15}$$

因此，拒绝任务 i 的边际总收益期望（Expected Marginal Total Profit，EMTP）表示为：

$$EMTP_i = E\Big[\sum_{j=1}^{N'} A_j(c \cdot LD_j - w \cdot (ED_j + LD_j)) \,\big|\, \Gamma^\pi, QUE^\pi\Big] -$$

$$E\Big[\sum_{j=1}^{N'} A_j(c \cdot LD_j - w \cdot (ED_j + LD_j)) \,\big|\, \Gamma^\pi, \overline{QUE^\pi}\Big] \tag{6.16}$$

拒绝任务 i 的边际总收益期望，是指拒绝任务 i 后，增加的服务一个未来新任务的能力。当接受一个新任务 i 后，将失去期望收益，因为接受任务 i 后就减少了接受以后能够产生更大收益任务的可能。如果所有车辆的任务队列中具有很少的任务，那么就有足够的能力接受未来的未知任务，这时就可以忽略拒绝任务 i 而产生的期望边际收益。反之，如果接受的任务数量已达到或者接近其自身的服务能力，那么拒绝任务 i 的期望边际收益就很大。

定义接受任务 i 的首要条件，即可行性准则为：当任务 i 在时刻 t_i^{ARV} 到达时，存在某个车辆，使该车辆从当前位置出发，能够在任务 i 的时间窗口内到达其取货点进行取货。

基于以上的分析，给出了任务 i 的最优接受准则为：当任务 i 不可行，即不满足可行性准则时，拒绝接受该任务。当任务 i 可行，又分为两种情况：当从任务 i 得到的收入大于其边际总收益期望时，即

$$R_i > EMTP_i = E\Big[\sum_{j=1}^{N'} A_j(c \cdot LD_j - w \cdot (ED_j + LD_j))\Big|\Gamma^\pi,\ QUE^\pi\Big] -$$

$$E\Big[\sum_{j=1}^{N'} A_j(c \cdot LD_j - w \cdot (ED_j + LD_j))\Big|\Gamma^\pi,\ \overline{QUE^\pi}\Big]$$

$$(6.17)$$

则接受任务 i。当从任务 i 得到的收入小于或等于其边际总收益期望时，即

$$R_i \leqslant EMTP_i = E\Big[\sum_{j=1}^{N'} A_j(c \cdot LD_j - w \cdot (ED_j + LD_j))\Big|\Gamma^\pi,\ QUE^\pi\Big] -$$

$$E\Big[\sum_{j=1}^{N'} A_j(c \cdot LD_j - w \cdot (ED_j + LD_j))\Big|\Gamma^\pi,\ \overline{QUE^\pi}\Big]$$

$$(6.18)$$

则拒绝任务 i。

但是，在一给定的系统状态下（给定车辆的位置和状态以及车辆相应的路径与调度方案），很难估计基于未来任务的期望总收益。即使能够估计期望收益，也不能满足估计过程的计算时间限制，因为需要在动态的环境下，及时对用户做出答复。

在本章研究的问题中，具有两种类型的任务：紧急任务和普通任务。基于实际数据可知，服务紧急任务的单价（r_0）要远远大于服务普通任务的单价（r_1）。因此，为了达到最大化总收益的目的，偏向于服务紧急任务。即使服务于一个远程的普通任务能够得到与服务一个短程紧急任务相同的收益，但由于紧急任务花费更少的资源，因此服务紧急任务还是更合算的。另外，短途运输的费用也相对较低，并且花费的时间也短，这样就可以服务于更多的任务。因此，本章获取最大利润的方法就是接受尽可能多的紧急任务，控制普通任务的数量。通过这种控制过程，不仅可以接受尽可能多的未来的紧急任务且又能充分地利用拥有的车辆资源。

服务一个任务的能力取决于该任务的时间窗口及其相对位置，以及系

统中所有车辆的状态和位置。当这些信息不能提前知道时，很难保证拒绝当前的一个普通任务后能否服务于未来的一个紧急任务。下面给出了一个可行性指数来表示接受一个未来紧急任务的能力。

（一）可行性指数

可行性指数表示一种系统状态，表示当到达一个普通任务时，系统能够服务于未来紧急任务的期望车辆数量。为了计算系统接受一个未来的紧急任务的可行性指数，给出了以下假设：

（1）紧急任务的时间窗口能够预先知道。由于服务提供者（物流公司）能够提前指定运送服务的特性，因此这个假设是合理的。

（2）紧急任务的到达时间和计算可行性指数时的估计时间一致。即到达一个普通任务后，假定下一个到达的任务是紧急任务。在下一个任务到达前，由于车辆不断完成已接受的任务，系统接受一个未来的紧急任务的能力不断增加。因此，可行性指数给出了系统接受未来紧急任务的车辆数量的下界。

（3）在计算可行性指数的过程中，本章采用了一种插入启发式方法，针对一个未来的紧急任务搜寻可行调度方案。这里得到的车辆调度方案必须保证每个任务都能在规定的时间范围内完成。

利用插入启发式方法估计可行性指数时，必须要知道空驶距离的长短。本章定义了车辆服务一个任务的最大空驶距离（Maximum Empty Distance，MED）。最大空驶距离的一个极端情况是：在一个矩形的欧氏平面，车辆位于该矩形区域的一个角，而新的任务出现在对角线上的另一个角，即最长的空驶距离等于服务区域的对角线长度。如果采用这个极端情况下的空驶距离来计算可行性指数 FI 的话，将大大低估系统在该时刻服务于一个未来紧急任务的车辆数量。因此，本章定义服务任务的最大空驶距离为任务的平均空驶距离加上一个标准差。

影响单个车辆 k 服务未来任务的可行性指数（FI_k）的因素主要有两个：一个是车辆的位置，另一个是车辆处于该位置的时间。下面分别从位置和时间两个方面计算单个车辆 k 服务未来任务的可行性指数。

（二）位置可行性指数

假设有一空闲车辆位于一个欧氏方形平面区域，已知紧急任务 i 的时间窗口长度为 LEN_i（$LPT'_i - EPT'_i$）。由前面的假设可知，车辆在转为空闲状态的同时，就出现一个紧急任务 i。因此，为了保证车辆 k 能够服务新到达的紧急任务 i，车辆 k 就必须在该任务的时间窗口内到达其取货点。假设紧急任务的到达时间即为该任务被执行的最早取货时间，那么，车辆 k 就必须在时间 LEN_i 内到达该任务的取货点取货。定义车辆固定行驶速度为 v，则可用车辆 k 离该任务取货点允许的最远距离 $D = vLEN_i$。那么，车辆服务紧急任务 i 的最大空驶距离 $MED_i = \min(D, MED)$。

当车辆 k 处于空闲状态时，位置可行性指数（FI_k^l）定义为紧急任务的取货点出现在车辆 k 的服务半径为最大空驶距离范围内的概率。例如，如果一个空闲车辆位于图 6.6 中的位置，那么该车辆只能服务于取货点位于区域 S_{AEGF} 内的未来紧急任务。假设紧急任务的取货点随机地分布于车辆的服务区域，即图 4.2 中的方形区域，那么车辆 k 服务未来紧急任务的位置可行性指数 FI_k^l 就表示为车辆 k 的服务区域 S_{AEGF} 与整个服务区域 S_{ABCD} 的比值。

如果车辆 k 处于非空闲状态，在计算位置可行性指数 FI_k^l 时，就要根据车辆 k 的调度方案找到车辆 k 最早处于空闲状态的位置。例如，车辆 k（任务队列中只有一个任务）正在执行其任务队列中的任务时，处于负载行驶状态，只有当卸下当前货物后，车辆 k 才变为空闲状态。因此，当考虑车辆 k 的可用时间后，最大允许空驶距离 MED_i 将大大缩短，这时就要根据车辆的最新位置重新计算位置可行性指数 FI_k^L。

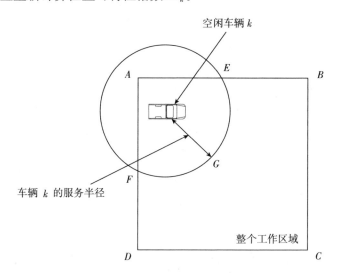

图 6.6 空闲车辆 k 服务未来任务的位置可行性指数 FI_k^L

（三）时间可行性指数

如果一辆车的任务队列中有两个或者两个以上的任务等待服务（或者队列中只有一个任务而车辆处于向该任务的取货点行驶的状态），在估计车辆服务未来任务的可行性指数 FI_k 时，不仅要考虑位置可行性指数，同时也要考虑插入一个紧急任务到该车辆的任务队列中的概率。在这种情况下，车辆的任务队列中任务的时间窗口是影响车辆服务未来任务的可行性指数 FI_k 的重要因素。这种类型的可行性指数 FI 就被称为车辆服务未来任务的时间可行性指数，记为 FI_k^T。

为了说明车辆服务未来任务的时间可行性指数 FI_k^T 的概念，给出了一个实例。设一车辆的任务队列中有三个任务：任务 1、任务 2 和任务 3。车辆正在执行任务 1 的过程中，因此就不考虑在任务 1 前插入新任务的情况。任务2和任务3的时间窗口如图6.7所示，其中，t_2^+ 和 t_3^+ 分别表示任务2和任务3的最迟取货时间。

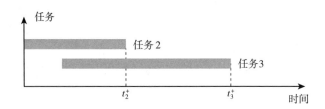

图6.7 任务2和任务3的时间窗

三个任务的调度方案如图6.8所示，车辆执行三个任务的次序是：任务1、任务2和任务3。其中，t_1 表示任务1的完成时间，t_2 和 t_3 分别表示调度方案中执行任务2和任务3的开始时间。插入新任务的可能位置有：（1，2）、（2，3）和任务队列的末尾，其中（1，2）表示新任务的插入位置在任务1和任务2之间。

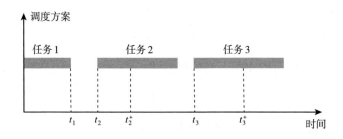

图6.8 调整前的任务调度方案

为了能够在任务1和任务2之间插入一个新任务，首先要计算出任务1和任务2之间最大的空余时间。如图6.9所示，由于原调度方案中任务2的取货时间在其最迟取货时间之前，可以将任务 2 的取货时间向后推迟，但不能迟于其最迟取货时间。因此，调整任务 2 的取货时间为 $t_2'(=t_2^+)$，即在任务 2 的最迟取货时刻执行任务 2。这时也要调整任务 2 后面任务的取货时间。因此，等额延迟任务 3 的取货时间为 t_3'。这里要保证调整后任务 3 的取货时间不能迟于其最迟取货时间 t_3^+，即 $t_3' \leqslant t_3^+$。

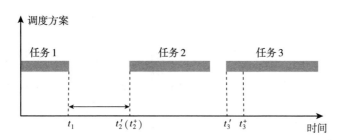

图 6.9 调整后的任务调度方案

若用 $T(1, 2)$ 表示任务 1 和任务 2 间的最大允许空余时间，则

$$T(1, 2) = t_2 - t_1 + \min\{(t_2^+ - t_2), (t_3^+ - t_3)\} \tag{6.19}$$

即任务 1 和任务 2 间的最大允许空余时间等于任务 2 的取货时间减去任务 1 的卸货时间，再加上任务 2 的最迟取货时间与其当前取货时间的差和任务 3 的最迟取货时间与其当前取货时间的差的最小值。

为了能够在任务 1 和任务 2 之间插入一个新任务，任务 1 和任务 2 间的最大允许空余时间 $T(1, 2)$ 要大于任务 1 的收货点到新任务的取货点的空驶时间、新任务的负载行驶时间与新任务收货点到任务 2 的取货点的空驶时间之和。对于新任务的运距，根据从历史数据中得到的概率密度函数，定义了一个服从该函数的随机变量 ρ 来表示新任务的负载行驶距离。

那么，车辆 k 在其任务队列中的任务 1 和任务 2 间插入一个新任务 i 的时间可行性指数为：

$$FI_k^T(1, 2) = \Pr\{T(1, 2) > \rho + MED_i\} \tag{6.20}$$

（四）单车辆可行性指数

为了准确估计车辆 k 在其任务队列中的任务 1 和任务 2 间插入新任务的可行性指数 $FI_k(1, 2)$，除了考虑其时间可行性指数 $FI_k^T(1, 2)$，同时也要考虑其位置可行性指数 $FI_k^L(1, 2)$，因此，车辆 k 在其任务队列中的任务 1 和任务 2 间插入一个新任务的可行性指数为：

$$FI_k(1, 2) = FI_k^T(1, 2) \times FI_k^L(1, 2) \tag{6.21}$$

在车辆任务队列的每个可能插入新任务的可行位置，都调用该公式计算其可行性指数。这个公式同样也可以计算在车辆任务队列的末尾添加新任务的可行性指数。如在上例中，$FI_k(3)$ 表示车辆 k 在其任务队列中任务 3 的收货点之后插入一个新任务的可行性指数。在计算 $FI_k(3)$ 时，要把任务 1 和任务 2 及两者间的空驶距离看作单个任务。

经过以上的分析可以得出，车辆 k 服务未来紧急任务的可行性指数 FI_k 的计算公式为：

$$FI_k = \max \{ FI_k(1, 2), FI_k(2, 3), FI_k(3) \} \tag{6.22}$$

即车辆 k 服务未来任务的可行性指数 FI_k 为其任务队列中所有可插入新任务的可行性指数的最大值。

综合以上分析，在计算单个车辆服务未来任务的可行性指数时，要根据其当前状态，研究其任务队列中所有可以插入新任务的可行位置及可行时间。

（五）系统可行性指数

系统可行性指数（FI）表示所有车辆服务未来任务的可行性指数 FI_k 之和，即：

$$FI = \sum_{k=1}^{K} FI_k \tag{6.23}$$

该值表示在车辆的最大空驶距离小于 MED 的情况下，系统能够接受一个紧急任务的预期车辆数量。系统将根据这个值的大小来判断接受普通任务的可能性。

（六）基于可行性指数的任务接受策略

当到达一个新的任务时，首先判断新到达的任务是否满足可行性准则，如果满足，再判断其是不是紧急任务。如果是紧急任务，就立即接受该任务；反之，则将新到达任务插入现有的车辆调度方案中。根据更新后的车辆调度方案，计算系统的可行性指数 FI。如果系统可行性指数 FI 大于一个给定的阈值 θ，则接受该普通任务，否则拒绝该普通任务。基于可行性指数的任务接受策略的流程图如图 6.10 所示。

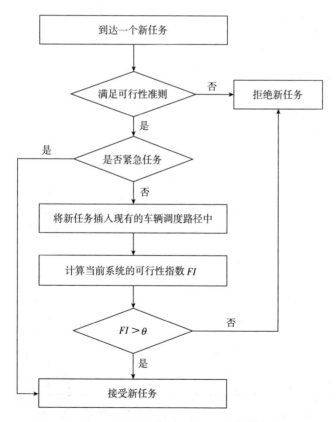

图 6.10　基于可行性指数的用户接受策略

二、车辆调度方案的更新

当系统接受一个紧急任务或者计算插入普通任务后的可行性指数时，都要在包含新任务的情况下构造新的车辆调度方案。由于要在很短的时间内对用户作出回复，因此构造包含新任务的车辆调度方案的计算时间要尽可能短。

在构造包含新任务的车辆调度路径的过程中，当接受一个任务后，由于执行任务而获得的收入及从其取货点到收货点的负载行驶成本确定，因此采用的目标函数是最小化插入该任务的附加空驶成本。在动态整车运输车辆调度问题中，插入一个任务的附加空驶成本可能是一个负值。如图6.11所示，其中实线表示车辆负载行驶，虚线表示车辆空载行驶。当在任务A和任务B间插入一个新的任务C后，总的空驶距离缩短了。

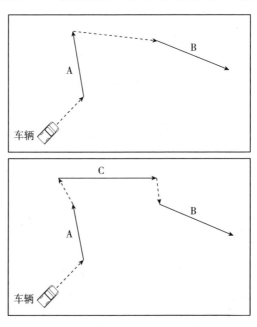

图 6.11　附加成本是负值的情况

在构造包含新任务的车辆调度方案时，可以借鉴上一个决策点制定的车辆调度方案。由于上一个决策点得到的车辆调度方案已经是一个近优的方案，仅仅将新任务插入上个决策点的某条车辆路径中就可以得到一个相对好的解。因此，为了在很短的时间内得到满意解，给出了一种快速插入算法：首先，基于最邻近插入算法，将新任务插入附加空驶成本最小的车辆路径中；其次，基于 Or-opt 交换，对插入新任务的车辆路径进行优化。

下面给出了快速插入算法的详细步骤。

算法 6.1：快速插入算法。

步骤 1：更新当前系统中车辆和任务的位置及状态信息。

步骤 2：对于每条路径，寻找该路径中插入新任务 i 附加空驶成本最小的位置。

步骤 3：将任务 i 插入到所有路径中附加空驶成本最小的位置。

步骤 4：更新受影响任务的执行时间。

步骤 5：基于 Or-opt 交换，优化插入新任务的车辆路径。

步骤 6：输出车辆调度方案。

三、车辆调度方案的优化

对新到达的用户做出答复后，由于包含新任务的路径更新算法的局限性，插入新任务后的车辆调度方案不一定最优，因此提出了一种基于规则的禁忌搜索算法对更新后的车辆调度方案进行优化。

上个决策点生成的车辆调度方案已经是一个次优的方案，也就表示每条路径都已经达到了次优。同时，在车辆调度方案更新阶段，将新任务插入某个车辆的调度路径中后也已采用了 Or-opt 交换进行了优化。在这种情况下，对单条车辆路径进行优化的意义不大，因此，本节主要集中于路径间的优化。又根据时间窗口的约束及整车运输的特性，翻转两个任务的执行顺序将导致不可行解的出现，因此，本节禁忌搜索算法的邻域空间采用 Exchange 交换生成。

在禁忌搜索算法过程中，邻域搜索过程是相当耗费时间的，因此本节提出了一种构造邻域的规则——时间窗口重叠规则，来控制邻域搜索的范围。

只选择时间窗口存在重叠的两个任务进行交换操作。由于本章研究的问题是整车运输，因此，可能发生重叠的时间窗口是从任务的最早取货时间到其最迟卸货时间之间的一段时间。

当从车辆 k 的任务序列中选择一个交换的任务 i，与另一辆车 k' 的任务 j 进行交换的条件是：任务 i 的最早取货时间 EPT_i 要早于等于任务 j 的最迟卸货时间 LDT_j，并且任务 i 的最迟卸货时间 LDT_i 要迟于等于任务 j 的最早取货时间 EPT_j。即满足的条件是：

$$\{EPT_i \leqslant LDT_j\} \cup \{EPT_j \leqslant LDT_i\} \tag{6.24}$$

在邻域搜索的过程中，仅仅搜索那些时间窗口重叠的任务进行交换操作，这样可以在很大程度上缩减搜索的邻域空间，加快局部邻域搜索的速度。

利用定义规则加快禁忌搜索算法搜索速度的改进禁忌搜索算法的实现步骤如图 6.12 所示。

```
Procedure 基于规则的禁忌搜索算法
输入：初始解 S′
输出：最优解 S*
begin
    S = S′   //将初始解赋给当前解
    S* = S   //将当前解赋给最优解
    while 未满足终止条件 do
        基于 Exchange 交换及定义的规则生成可行邻域
        从邻域中选择最好的交换操作 m
        if 该交换操作 am 不在禁忌列表中 then
            根据该交换操作 m 生成新的解 S″
            更新禁忌表，将当前交换操作加入禁忌表中
            if 当前解 S″ 优于当前最好解 S* then
                S* = S″
            end if
        end if
    end while
    输出最优解 S*
end
```

图 6.12　基于规则的禁忌搜索算法

第四节　计算实例分析

针对不同的问题实例，计算了不同算法及策略下总的目标函数，即总利润，验证本书构建的模型及提出算法的有效性。本章所给出的算法采用了 Visual C++6.0 在 Pentium4、1.6G CPU、256M RAM 配置的微机上进行了实现。本节后续部分将介绍测试数据生成策略及具体的实例计算结果。

一、测试算例

在第五章测试实例的基础上，设计了本章测试算法性能的算例。分别构造了 300 个用户、500 个用户和 1000 个用户规模的问题实例。服务周期、服务区域大小及车辆行驶速度与第五章相同，仍然分别为 10 个小时、60×60 平方千米的平面区域及 60 千米/小时。假设在服务周期的开始时间，没有提前到达的用户，所有的用户都是实时到达的。

用户的取送货点位置仍然是均匀地分布于整个服务区域内。由于本章研究的问题是动态整车运输车辆调度问题，因此，定义车辆到达某一用户的取货点取货后，直接前往该用户的收货点进行卸货，在完成当前任务之前，中途不允许再去收取其他的货物。

另外，假设位于车库的车辆数量是有限的，并且车辆数量相对于用户数量来说是缺乏的，即到达的用户数量超出了所有车辆的服务能力，有一部分到达的用户被拒绝服务。为了体现系统中资源的缺乏状态，基于第五章中测试算例的计算结果，设置 300 个用户、500 个用户和 1000 个用户规模下的对应的车辆数量分别为 20 辆、30 辆和 50 辆。

二、计算结果及分析

（一）同种用户优先级下本章算法的性能分析

首先验证了算法在同种用户优先级下的性能。用户的时间窗口长度均匀分布于［2，4］的时间范围内，单位为小时。所有用户具有相同的优先级，用户的接受准则为可行性准则。只要到达的任务能够插入当前的车辆路径中，就接受该用户任务。每种问题规模分别构造了 5 个实例。

表 6.1 给出了不同问题实例中算法的计算结果。基于规则的禁忌搜索算法的初始解为快速插入算法得到的最终解。

表 6.1　同种用户优先级不同算法的计算结果　　单位：个，元

测试实例		快速插入算法		基于规则的禁忌搜索算法	
		接受任务数	总利润	接受任务数	总利润
300 个用户	1	251	39407	272	42704
	2	246	38622	266	41762
	3	255	40035	275	43175
	4	262	41134	285	44745
	5	252	39564	273	42861
	平均值	253.2	39752.4	274.2	43049.4
500 个用户	1	373	58561	432	67824
	2	368	57776	425	66725
	3	382	59974	438	68766
	4	391	61387	453	71121
	5	374	58718	434	68138
	平均值	377.6	59283.2	436.4	68514.8
1000 个用户	1	723	113511	848	133136
	2	697	109429	827	129839
	3	688	108016	836	131252
	4	722	113354	847	132979
	5	735	115395	852	133764
	平均值	713	111941	842	132194

从计算结果来看，当车辆数量相对于需要服务的用户数量短缺时，仅仅采用快速插入算法不能得到一个比较满意的解。这是因为当问题复杂时，用户的执行时间及车辆的选择对其他用户的影响很大。当采用基于规则的禁忌搜索过程对得到的解进一步优化时，解质量的改进是很明显的。从结

果中也可以看出，随着问题规模的增加，改进的程度也越来越大。

（二）不同用户优先级下算法的性能

这里主要研究了 1000 个用户规模的问题。采用基于规则的禁忌搜索算法对车辆调度路径进行优化。为了体现两种不同类型的用户，设定紧急用户任务的时间窗口长度为 1 小时，普通用户任务的时间窗口长度为 3 小时。

为了研究不同用户类型比例下本章算法的性能，测试了两种用户比例的情形：

情形 1：紧急任务的比例很小。在 1000 个用户中，有 100 个任务为紧急任务，紧急任务占总任务数的比例为 10%。

情形 2：紧急任务占总任务数的比例较大，达到了 30%，即在 1000 个用户中，共有 300 个任务为紧急任务。

情形 1 中的 100 个紧急任务和情形 2 中的 300 个紧急任务从 1000 个任务中随机选取。对于每种情形，本章分别构造了 5 个测试实例。

为了评估基于可行性指数 FI 的任务接受策略的性能，本章将其与两个基准策略进行了对比：

一是接受尽可能多的任务，而不考虑任务的类型，即采用可行即接受的准则。

二是基于简单过滤的任务接受策略，即定义了一个系统任务队列中的最大任务数量。当低于该任务数量时，以可行即接受的原则接受新任务；当系统任务队列中的总任务数量达到最大任务数量时，就拒绝新到来的任务，而不管该任务是否可行。

为了得到最佳的可行性指数的阈值 θ，对多个不同的可行性指数阈值 θ 进行测试。测试结果如图 6.13 和图 6.14 所示。

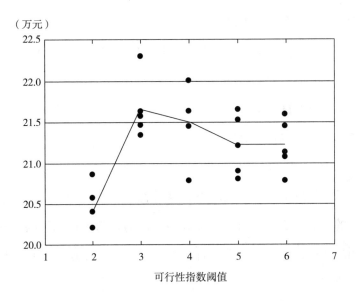

图 6.13 10%紧急任务时不同可行性指数阈值下的总利润

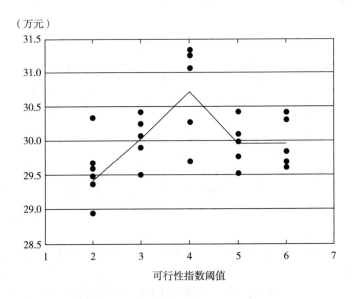

图 6.14 30%紧急任务时不同可行性指数阈值下的总利润

从图 6.13 和图 6.14 可以看出，当紧急用户数量占总用户数量的比值为 10%时，最佳的可行性指数阈值为 3；当紧急用户数量占总用户数量的比值达到 30%时，最佳的可行性指数阈值为 4。

本章对 5 个测试算例进行了计算，将最佳阈值下的可行性指数策略与两种基准策略的性能进行了对比。

从图 6.15、图 6.16 可以看出，可行性指数策略的结果明显优于其他两种策略。随着紧急用户比例的增加，这种优势更加突出。另外，发现简单过滤策略的性能也优于可行即接受策略。因为，简单过滤策略控制了系统中总的用户数量，避免系统中具有太多的用户而无法通过重新排序或者交换操作来改进解的情形。

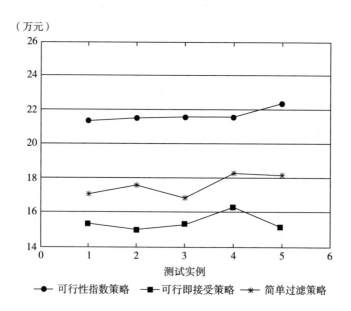

图 6.15　10%紧急任务时不同策略的总利润

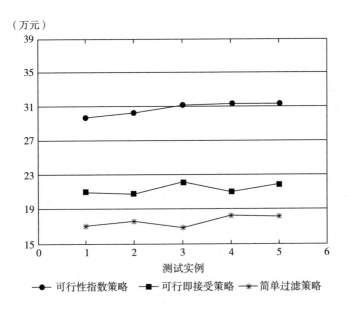

图 6.16　30%紧急任务时不同策略的总利润

　　表 6.2 和表 6.3 分别给出了具有 10%紧急用户和 30%紧急用户时三种策略性能的平均值。这里给出了总的接受用户的数量及所占总用户数量的比例，接受的用户数量中包含的紧急用户的数量及占总紧急用户数量的比例。

　　从表中的结果可以看出，三种策略下接受的总用户数量是非常接近的。但是随着接受的紧急任务数量的增加，总利润得到了很大的提高。例如，在表 6.3 中，可行性指数策略下接受的用户数量（728.6）低于可行即接受策略下接受的用户数量（819.4），但由于可行性指数策略下接受了 87.5%的紧急用户任务，使可行性指数策略下的总利润（307217 元）远远大于可行即接受策略下的总利润（188622 元）。

表 6.2　10%紧急任务时不同策略的性能对比

策略	总利润（元）	接受的用户		接受的紧急用户	
		数量（个）	百分比（%）	数量（个）	百分比（%）
可行即接受	154106	796.8	79.7	32.7	32.7
简单过滤	175860	820.8	82.1	44.3	44.3
可行性指数	216624	797.2	79.7	82.5	82.5

表 6.3　30%紧急任务时不同策略的性能对比

策略	总利润（元）	接受的用户		接受的紧急用户	
		数量（个）	百分比（%）	数量（个）	百分比（%）
可行即接受	188622	819.4	81.9	99.6	33.2
简单过滤	213814	811.7	81.2	138.9	46.3
可行性指数	307217	728.6	72.9	262.5	87.5

缩略语

DARP   拨招问题（Dial-A-Ride Problem）

DRIVE   独立车辆动态路径规划（Dynamic Routing of Independent VEhicles）

DSVRP   动态随机车辆路径问题（Dynamic Stochastic Vehicle Routing Problem）

DTSP   动态旅行商问题（Dynamic Traveling Salesman Problem）

DTRP   动态旅行修理员问题（Dynamic Traveling Repairman Problem）

DVRP   动态车辆路径问题（Dynamic Vehicle Routing Problem）

DVRPTW   带时间窗约束的动态车辆路径问题（Dynamic Vehicle Routing Problem with Time Windows）

DVRPTWPD   带时间窗约束及装卸货任务的动态车辆路径问题（Dynamic Vehicle Routing Problem with Time Windows and Pickup & Delivery）

DVSP   动态车辆调度问题（Dynamic Vehicle Scheduling Problem）

PDPTW   带时间窗约束的装卸问题（Pickup and Delivery Problem with Time Windows）

PTSP　　　概率旅行商问题（Probabilistic Traveling Salesman Problem）

PVRP　　　概率车辆路径问题（Probabilistic Vehicle Routing Problem）

SVRP　　　随机车辆路径问题（The Stochastic Vehicle Routing Problem）

TSP　　　旅行商问题（Traveling Salesman Problem）

TSPTW　　带时间窗约束的旅行商问题（Traveling Salesman Problem with Time Windows）

DTSPTW　　动态带时间窗约束的旅行商问题（Dynamic Traveling Salesman Problem with Time Windows）

VRPSC　　具有随机用户的车辆路径问题（Vehicle Routing Problem with Stochastic Customers）

VRPSD　　具有随机需求的车辆路径问题（Vehicle Routing Problem with Stochastic Demands）

VRPSCD　　具有随机用户及需求的车辆路径问题（Vehicle Routing Problem with Stochastic Customers and Demands）

VRSP　　　车辆优化调度问题（Vehicle Routing and Scheduling Problem）

TSPSC　　具有随机用户的旅行商问题（Traveling Salesman Problem with Stochastic Customers）

TSPSTT　　具有随机旅行时间的旅行商问题（Traveling Salesman Problem with Stochastic Travel Times）

mTSPSTT　具有随机旅行时间的多旅行商问题（m-Traveling Salesman Problem with Stochastic Travel Times）

FCFS　　先到先服务策略（First Come First Served）

NN　　　邻近优先服务策略（Nearest Neighbor）

SQM　　随机排队中位策略（Stochastic Queue Median）

PART　　分区策略（Partitioning）

参考文献

［1］Balinskim M，Quandt R. On an Integer Program for a Delivery Problem ［J］. Operations Research，1962（12）：300-304.

［2］Bell W，Dalberto L M，Fisher M L. Improving the Distribution of Industrial Gases with an Online Computerized Routing Optimizer ［J］. Interfaces，1983（13）：4-23.

［3］Benita M B. Humanitarian Relief Chains：Issues and Challenges，34th International Conference on Computers and Industrial Engineering San Francisco ［R］. CA，USA，2004：867-892.

［4］Bertsimas D J，Ryzin G V. Stochastic and Dynamic Vehicle Routing in the Euclidean Plane with Multiple Capacitated Vehicles ［J］. Operations Research，1993（1）：60-76.

［5］Bertsimas D J. Probabilistic Combinatorial Optimization Problems ［D］. Cambridge，1988.

［6］Bräysy O，Gendreau M. Vehicle Routing Problem with Time Windows，Part I：Route Construction and Local Search Algorithms ［J］. Transportation Science，2005，39（1）：104-118.

[7] Bräysy O, Gendreau M. Vehicle Routing Problem with Time Windows, Part Ⅱ: Metaheuristics [J]. Transportation Science, 2005, 39 (1): 119-139.

[8] Bodin L D. Twenty Years of Routing and Scheduling [J]. Operations Research, 1990 (38): 571-579.

[9] Burkard R E, Sandholzer W. Efficiently Solvable Special Cases of Bottleneck Traveling Salesman Problem [J]. Discrete Applied Mathematics, 1991 (32): 61-76.

[10] Carter W N. Disaster Management - A Disaster Manager's Handbook [M]. Philippines: Asian Development Bank, 1992.

[11] Choi J Y. Stochastic Scheduling Problems for Minimizing Tardy Jobs with Application to Emergency Vehicle Dispatching on Unreliable Road Networks [D]. Doctors Thesis University of New York, 2003.

[12] Christofides N, Mingozzi A, Toth P. Exact Algorithms for the Vehicle Routing Problem Based on Spanning the Shortest Path Relaxation [J]. Mathematical Programming, 1981 (20): 255-282.

[13] Christofides N. A New Exact Algorithm for the Vehicle Routing Problem Based on Q-path and K-shortest Path Relaxations [M]. London: Imperial College, 1993.

[14] Caviggia J. British and German Logistics Support during World War Ⅱ: North African Campaign [R]. Carlisle Barracks, PA: U. S. Army War College, 1990.

[15] Cordeau J, Desaulniers G, Desrosiers J, Solomon M, Soumis F. VRP with Time Windows [J]. Toth and Vigo, Editors, Chapter, 2002 (7):

155-194.

[16] Dantzig G B, Ranmse J H. The Truck Dispatching Problem [J]. Management Science, 1959 (6): 80-91.

[17] Dantzig G B, Wolfe P. The Decomposition Algorithm for Linear Programs [J]. Econometrics, 1961, 29 (4): 761-778.

[18] Dejun H. Dynamic Routing Problems with Service Times Windows [D]. The Hong Kong University of Science and Technology, 2000.

[19] Desrocherg M, Lenstra J K, Savelsberg M W. A Classification Scheme for Vehicle Routing and Scheduling Problems [J]. European Journal of Operations Reasearch, 1990 (46): 322-332.

[20] Desrocher J, Sauve M, Soumis F. Lagrangian Relaxation Methods for Solving the Minimum Fleet Size Multiple Traveling Salesman Problem with time Windows [J]. Management Science, 1988, 34 (8): 1005-1022.

[21] Dumas Y, Desrosiers J, Soumis F. The Pickup and Delivery Problem with Time Windows [J]. European Journal of Operational Research, 1991, 54 (1): 7-22.

[22] Eilon S, Christofides N. Distribution Management: Mathematical Modelling and Practical Analysis [M]. London: Griffin, 1971.

[23] Fiedrich F, Gehbauer F, Rickers U. Optimized Resource Allocation for Emergency Response after Earthquake [J]. Disasters Safety Science, 2000, 35 (1): 41-57.

[24] Fox K R, Gavish B, Graves S C. An N-constraint Formulation of the Time-Dependent Traveling Salesman Problem [J]. Operations Research, 1980 (28): 1018-1021.

［25］ Gendreau M, Guertin F, Potvin J Y. Tabu Search for Real-time Vehicle Routing and Dispatching, Centre de Recherche Sur Les Transports ［R］. Universite de Montreal, Technical Report, 1996.

［26］ Gendreau M, Hertz A, Laporte G. A Tabu Search Heuristic for the Vehicle Routing Problem ［M］. Montrea: Centre de Recherche sur les Transpors, 1991.

［27］ Gendreau M, Laporte G, Séguin R. A Tabu Search Heuristic for the Vehicle Routing Problem with Stochastic Demands and Customers, Centre de Recherche sur les Transport, Universite de Montreal ［R］. Technical Report, 1994.

［28］ Gendreau M, Laporte G Séguin R. Stochastic Vehicle Routing ［J］. European Journal of Operational Research, 1996 （88）: 3-12.

［29］ Gilmore P C, Gomory R E. A Linear Programming Approach to the Cutting Stock Problem ［J］. Operational Research, 1961 （9）: 849-859.

［30］ Glover F, Kelly J P, Laguna M. Genetic Algorithms and Tabu Search: Hybrids for Optimization ［J］. Computers and Operational Research, 1995 （22）: 111-134.

［31］ Gutin G, Punnen A. The Traveling Salesman Problem and Its Variations ［A］ //G Gutin, A Punnen. Combinatorial Optimization ［M］. Kluwer: Dordrecht, 2002.

［32］ Glover F, Laguna M, Taillard E. Tabu Search ［J］. Annals of Operational Research, 1993 （41）: 57-62.

［33］ Glover F, Laguna M. Tabu Search ［M］. Boston: Kluwer Academic Publishers, 1997.

［34］ Glover F. Tabu Search-Part Ⅰ ［J］. Informs Journal on Computing, 1989 (1): 190-206.

［35］ Glover F. Tabu Search-Part Ⅱ ［J］. Informs Journal on Computing, 1990 (2): 4-32.

［36］ Hermansen M. United States Military Logistics in the First Part of the Korean War ［D］. University of Oslo, 2000.

［37］ Haghani A, Oh S-C Formulgion and Solmion of a Multi Commodity Multi-Modal Network Flow Model for Disaster Relief Operations ［J］. Transportation Research Part A, 1996, 30 (2): 231-250.

［38］ Holland J H. Adaptation in Natural and Artificial Systems, Ann Arbor ［M］. MI: University of Michigan Press, 1975.

［39］ Ichoua S, Gendreau M, Potvin J Y. Diversion Issues in Real-time Vehicle Dispatching ［J］. Transportation Science, 2000 (34): 426-438.

［40］ Jaillet P. A Priori Solution of a Traveling Salesman Problem in Which a Random Subset of the Customers are Visited ［J］. Operations Research, 1988 (36): 929-936.

［41］ Jacques R, Fayer F, Jamal O. A Heuristic for the Pickup and Delivery Traveling Salesman Problem ［J］. Computers and Operations Research, 2000 (27): 905-916.

［42］ Kirkpatrick S, Gelatt Jr C D, Vecchi M P. Optimization by Simulated Annealing ［J］. Science, 1983 (220): 671-680.

［43］ King G F, Mast C F. Excess Travel: Causes, Extent and Consequences ［J］. Transportation Research Record, 1997 (11): 126-134.

［44］ Kleywegt A J, Papastavrou J D. The Dynamic and Stochastic Knapsack

Problem with Random Sized Items [J] . Operations Research, 2001 (49): 26-41.

[45] Kolen A W J, A H G Rinnooy Kan, Trienekens H W J M. Vehicle Routing with Time Windows [J] . Operations Research, 1987, 35 (2): 266-273.

[46] Kleywegt A J, Papastavrou J D. Acceptance and Dispatching Policies for a Distribution Problem [J] . Transportation Science, 1998 (32): 127-141.

[47] Kohl N. Exact Method for Time Constrained Routing and Scheduling Problems [D] . University of Copenhagen, 1995.

[48] Laporte G, Louveaux F, Mercure H. A Priori Optimization of the Probalilistic Traveling Salesman Problem [J] . Operations Research, 1994, 42 (3): 543-549.

[49] Laporte G, Louveaux F V, Mercure H. The Vehicle Routing Problem with Stochastic Travel Times [J] . Transportation Science, 1992 (26): 161-170.

[50] Laporte G. The Vehicle Routing Problem: An Overview of Exact and Approximate Algorithms [J] . European Journal of Operational Research, 1992 (59): 345-358.

[51] Larsen A, Madsen O B G, Solomon M M. Partially Dynamic Vehicle Routing—Models and Algorithms [J] . Operations Research Society, 2002 (53): 637-646.

[52] Lenstra J L, Kan A H G. Complexity of Vehicle Routing and Scheduling Problems [J] . Networks, 1981 (11): 221-227.

[53] Lawrence S, Mohammad A. Parametric Experimentation with a Genetic Algorithmic Configuration for Solving the Vehicle Routing Problem [R]. Proceedings-Annual Meeting of the Decision Sciences Institute, 1996.

［54］ Lin S. Computer Solutions of the Traveling Salesman Problem ［J］. Bell Systems Technical Journal, 1965 (44): 2245-2269.

［55］ Lucena A. Time-dependent Traveling Salesman Problem—The Deli-very Man Case ［J］. Networks, 1990 (20): 753-763.

［56］ Laporte G, Mercure H, Nobery Y. An Exact Algorithm for the Asymmetrical Capacitated Vehicle Routing Problem ［J］. Networks, 1986 (16): 33-46.

［57］ Lu X. W. Dynamic and Stochastic Routing Optimization: Algorithms Development and Analysis ［D］. University of California, 2001.

［58］ Madsen O B G, Ravn H F, Rygaard J M. A Heuristic Algorithm for a Dial-a-Ride Routing and Scheduling Problem with Time Windows, Multiple Capacities, and Multiple Objectives ［J］. Annals of Operations Research, 1995 (60): 193-208.

［59］ Mahmassani H S, Kim Y, Jaillet P. Local Optimization Approaches to Solve Dynamic Commercial Fleet Management Problems ［J］. Transportation Research Record, 2000 (1733): 71-79.

［60］ Malandraki C, Daskin M S. Time Dependent Vehicle Routing Problems: Formulations, Properties and Heuristic Algorithms ［J］. Transportation Science, 1992 (26): 185-200.

［61］ Malandraki C, Dial R B. A Restricted Dynamic Programming Heuristic Algorithm for the Time Dependent Traveling Salesman Problem ［J］. European Journal of Operational Research, 1996 (90): 45-55.

［62］ Metropolis N, Rosenbluth A, Rosenbluth M. Equation of State Calculation by Fast Computing Machine ［J］. Journal of Chemical Physics, 1953 (21): 1087-1092.

［63］ Minkoff A S. A Markov Decision Model and Decomposition Heuristic for Dynamic Vehicle Dispatching ［J］. Operations Research, 1993 (1): 77-91.

［64］ Or I. Traveling Salesman-Type Combinatorial Problems and Their Relation to the Logistics of Blood-Banking ［D］. Northwest University, 1976.

［65］ Paletta G. A Multiperiod Traveling Salesman Problem Heuristic Algorithms ［J］. Computer & Operations Research, 1992, 18 (8): 789-795.

［66］ Picard J C, Queyranne M. The Time-dependent Traveling Salesman Problem and Its Applications to the Tardiness Problem in One-machine Scheduling ［J］. Operations Research, 1978 (26): 86-110.

［67］ Papastavrou J D, Rajagopalan S, Kleywegt A J. The Dynamic and Stochastic Knapsack Problem with Deadlines ［J］. Management Science, 1996 (42): 1706-1718.

［68］ Park Y B, Song S H. Vehicle Scheduling Oroblems with Time-varying Speed ［J］. Computers & Industrial Engineering, 1997, 33 (3): 853-856.

［69］ Potvin J Y, Rousseau J M. An Exchange Heuristic for Routing Problems with Time Windows ［J］. Journal of the Operations Research Society, 1995 (46): 1433-1446.

［70］ Psaraftis H N. A Dynamic Programming Solution to the Single Vehicle Many-to-Many Immediate Request Dial-a-Ride Problem ［J］. Transportation Science, 1980 (14): 130-154.

［71］ Psaraftis H N. Dynamic Vehicle Routing Problems, in Vehicle Routing: Methods and Studies ［J］. Elsevier Science Publishers B. V.: North Holland, 1988 (7): 223-248.

［72］ Psaraftis H N. Dynamic Vehicle Routing: Status and Prospects ［J］.

Annals of Operations Research, 1995 (61): 143-164.

[73] Rao M R, Ziont S. Allocation of Transportation Units to Alternative Trips: A Column Generation Scheme with Out-of-Kilter Subproblems [J]. Operations Research, 1968 (12): 52-63.

[74] Regan A C, Mahmassani H S, Jaillet P. Evaluation of Dynamic Fleet Management Systems: A Simulation Framework [J]. Transportation Research Record, 1998 (1645): 176-184.

[75] Regan A C. Real-Time Information for Improved Efficiency Commercial Vehicle Operations [D]. The University of Texas, 1997.

[76] Roland R G. American Forces in Action Series: UTAH Beach to Cherbourg (6 June-27 June 1944) [M]. Washington, D.C.: Center of Military History, 1947.

[77] Russell T. The Humanitarian Relief Supply Chain: Analysis of the 2004 South East Asia Earthquake and Tsunami [A]. Massachusetts Institute of Technology, USA, 2005.

[78] Russell T. The Humanitarian Relief Supply Chain: Analysis of the 2004 South East Asia Earthquake and Tsunami [A]. Massachusetts Institute of Technology, USA, 2005.

[79] Savelsbergh M W P. Computer Aided Routing [M]. Amsterdam: Centrum Voor Wiskunde en Informatica, 1988.

[80] Shen Y, Potvin J Y, Rousseau J M. A Computer Assistant for Vehicle Dispatching with Learning Capability [J]. Annals of Operations Research, 1995 (61): 189-221.

[81] Shieh H M, May M D. On-line Vehicle Routing with Time Windows

Optimization-based Heuristics Approach for Freight Demands Requested in Real-time [J] . Transportation Research Record, 1998 (1617): 171-178.

[82] Seguin R, Potvin J Y, Gendreau M, Grainic T G, Marcotte P. Real-time Decision Problems: An Operational Research Perspective [J] . Journal of the Operational Research Society, 1997 (48): 162-174.

[83] Secomandi N. Comparing Neuron-dynamic Programming Algorithms for the Vehicle Routing Problem with Stochastic Demands [J] . Computers and Operations Research, 2000 (11): 1201-1225.

[84] Solomon M M. Algorithms for the Vehicle Routing and Scheduling Problems with Time Window Constraints [J] . Operations Research, 1987, 35 (2): 254-265.

[85] Swihart M R, Papastavrou J D. A Stochastic and Dynamic Model for the Single-vehicle Pick—up and Delivery Problem [J] . European Journal of Operational Research, 1999 (144): 447-464.

[86] Taillard E. Parallel Iterative Search Methods for Vehicle-routing Problems [J] . Networks, 1994, 23 (8): 661-673.

[87] Thomas A. Supply Chain Reliability for Contingency Operations [J] . Annual Reliability an Maintainability Symposium, 2002 (7): 61-67.

[88] Tsitsiklis N. Special Cases of Traveling Salesman and Repairman Problems with Time Windows [J] . Networks, 1992 (22): 263-282.

[89] Wang X. B, C Regan A. Local Truckload Pickup and Delivery with Hard time Window Constraints [J] . Transportation Research Part B: Methodological, 2002, 36 (2): 97-112.

[90] William P, Nanry J, Barnes W. Solving the Pickup and Delivery Prob-

lem with Time Windows Using Reactive Tabu Search [J]. Transportation Research Part B：Methodological，2000，34（2）：107-121.

[91] Wilson N H M, Miller E. Advanced Dial-a-Ride Algorithms Research Project Phase Ⅱ: Interim Report，Cambridge [R]. MA：Massachusetts Institute of Technology，Department of Civil Engineering，Research Report R77-31，1977.

[92] Yang J, Jaillet P, Mahmassani H. Real-time Multi-vehicle Truckload Pick up and Delivery Problems [J]. Transportation Science，2004（38）：135-148.

[93] 蔡延光，钱积新，孙优贤. 多重运输调度问题的模拟退火算法 [J]. 系统工程理论与实践，1998（10）：11-15，37.

[94] 蔡延光，钱积新，孙优贤. 多重运输调度问题基于双表的并行表搜索算法 [J]. 系统工程理论与实践，1998（11）：20-26.

[95] 崔雪丽，马良，范炳全. 车辆路径问题（VRP）的蚂蚁搜索算法 [J]. 系统工程学报，2004（4）：418-422.

[96] 邓烨，朱万红. 时变条件下军事物流配送车辆调度优化问题研究 [J]. 军事运筹与系统工程，2017，31（2）：41-47.

[97] 符卓. 带装载能力约束的开放式车辆路径问题及其禁忌搜索算法研究 [J]. 系统工程理论与实践，2004，24（3）：123-128.

[98] 郭强，谢秉磊. 随机旅行时间车辆路径问题的模型及其算法 [J]. 系统工程学报，2003（3）：244-247.

[99] 郭耀煌，李军. 车辆优化调度 [M]. 成都：成都科技大学出版社，1994.

[100] 雷玲. 应急物流初探 [J]. 企业天地，2004（6）：122-123.

[101] 李冰. 随机动态车队管理问题 [J]. 系统工程，2005（1）：96-101.

[102] 李军，郭耀煌．物流配送车辆优化调度理论与方法［M］．北京：中国物资出版社，2001.

[103] 李宁，邹彤，孙德宝．车辆路径问题的粒子群算法研究［J］．系统工程学报，2004（6）：596-600.

[104] 刘浩，袁健，卢厚清．两种类型车辆随机需求路由问题［J］．南京航空航天大学学报，2001（2）：155-157.

[105] 刘云忠，宣慧玉．车辆路径问题的模型及算法研究综述［J］．管理工程学报，2005（1）：124-130.

[106] 刘正元，王清华．无人机在应急物流配送中的任务分配模型构建［J］．科技管理研究，2020，40（24）：229-236.

[107] 楼振凯．应急物流系统LRP的双层规划模型及算法［J］．中国管理科学，2017，25（11）：151-157.

[108] 汪寿阳，赵秋红，夏国平．集成物流管理系统中定位——运输路线安排问题的研究［J］．管理科学学报，2000（2）：69-75.

[109] 王新玉，唐加福，邵帅．多车场带货物权重车辆路径问题邻域搜索算法［J］．系统工程学报，2020，35（6）：806-815.

[110] 王宗喜．大力推进我国应急物流建设与发展［J］．中国物流与采购，2007（24）：37-39.

[111] 谢秉磊，郭耀煌，郭强．动态车辆路径问题：现状与展望［J］．系统工程理论方法应用，2002（2）：116-120.

[112] 谢秉磊，李军，郭耀煌．有时间窗的非满载车辆调度问题的遗传算法［J］．系统工程学报，2000（3）：290-294.

[113] 谢如鹤，邱祝强．论应急物流体系的构建及其运作管理［J］．物流科技，2005（10）：78-80.

［114］邢文训，谢金星．现代优化计算方法［M］．北京：清华大学出版社，1999.

［115］闫森，齐金平，张儒．国内应急物流研究综述［J］．物流科技，2021，44（1）：73-77.

［116］袁安存．全球定位系统原理与应用［M］．大连：大连海事大学出版社，1999.

［117］袁健，刘晋．随机需求情形 VRP 的 Hopfield 神经网络解法［J］．南京航空航天大学学报，2000（5）：579-585.

［118］袁庆达，游斌．库存—运输联合优化问题简介［J］．物流技术，2001（5）：9-10.

［119］张建勇，李军．模糊车辆路径问题的一种混合遗传算法［J］．管理工程学报，2005（2）：23-26.

［120］张震．城市货运汽车营运组织最优化的理论与方法［J］．管理工程学报，1995（3）：143-152.

［121］赵燕伟，吴斌，蒋丽，董红召，王万良．车辆路径问题的双种群遗传算法求解方法［J］．计算机集成制造系统，2004（3）：303-306.

［122］赵勇，封少娟，刘佳．应急物流风险分析研究［J］．物流科技，2006（133）：9-13.

［123］祝崇隽，刘民，吴澄．供应链中车辆路径问题的研究进展及前景［J］．计算机集成制造系统，2001（11）：1-6.

［124］邹彤，李宁，孙德宝．不确定车辆数的有时间窗车辆路径问题的遗传算法［J］．系统工程理论与实践，2004（6）：134-138.

后 记

自然灾害、极端事件、公共安全事件的频繁发生，造成了严重的社会影响，对人民群众的财产和人身安全构成了极大的威胁。物流作为资源调度、交通运输的关键环节，对大规模应急资源调度的时效性和有效性具有至关重要的作用。特别是在不确定配送环境下，将应急资源及时有效、保质保量地送到最需要的地方，是减轻自然灾害带来的人身财产损失最直接的手段。

如何准确、及时、高效地将物资送到各个终端用户，已成为应急物流配送亟待解决的一个突出问题。应急物流配送是创造"空间价值"和"时间价值"的源泉，车辆调度问题是应急物流配送的核心，也是物资保障系统优化的关键环节。本书针对动态状态下应急物流配送的不同要求，综合考虑各种不同情况和条件，构建有效的动态车辆调度模型并提出相应的算法，为应急物资配送部门制订准确的物流配送计划提供决策支持。

本书在写作过程中，得到了国防科技大学各级领导的大力支持和帮助，同时参阅了大量的相关书籍、文献和网站，在此谨向各级领导和相关文献的作者表示衷心的感谢。由于笔者水平有限，书中难免会存在一些不足和疏漏之处，敬请有识之士批评指正，以便更正和完善。

周长峰